BECK'SCHE STEUERPRAXIS

Günter Hässel
Umsatzsteuer bei Reiseleistungen

D1665062

Umsatzsteuer bei Reiseleistungen

Die Besteuerung der Reiseleistungen (§ 25 UStG)
und Vermittlungsgeschäfte (§ 4 Nr. 5 UStG)
unter besonderer Berücksichtigung
buchhalterischer Probleme für Reiseveranstalter

von

Günter Hässel

Steuerberater und Rechtsbeistand in München

C.H.BECK'SCHE VERLAGSBUCHHANDLUNG
MÜNCHEN 1981

CIP-Kurztitelaufnahme der Deutschen Bibliothek

Hässel, Günter:
Umsatzsteuer bei Reiseleistungen: d. Besteuerung
d. Reiseleistungen (§ 25 UStG) u. Vermittlungsgeschäfte (§ 4 Nr. 5 UStG) unter bes. Berücks.
buchhalter. Probleme für Reiseveranstalter / von
Günter Hässel. – München: Beck, 1981.
    (Beck'sche Steuerpraxis)
    ISBN 3 406 08127 4

ISBN 3 406 08127 4

Druck der C. H. Beck'schen Buchdruckerei Nördlingen

Vorwort

Durch das Umsatzsteuergesetz 1980 wurde für Reiseveranstalter – nach über zehnjähriger Ankündigung durch den Gesetzgeber – eine angeblich gerechtere, dafür jedoch erheblich kompliziertere Besteuerung geschaffen. Aufgrund der 6. EG-Umsatzsteuerrichtlinie mußte die Bundesrepublik Deutschland die Umsatzbesteuerung von Reisebüros neu regeln. Das UStG 1980 wurde am 26. November 1979 im Bundesgesetzblatt veröffentlicht und trat bereits zum 1. Januar 1980 in Kraft; mehr als ein Jahr später sind jedoch immer noch viele Fragen offen und unbeantwortet. Während das Einführungsschreiben zu § 25 UStG (vom 3. Juli 1980) am 30. Juli 1980 immerhin schon vorlag, wurde das Einführungsschreiben zu § 4 Nr. 5 UStG erst am 8. Mai 1981 veröffentlicht. Es bleibt zu hoffen, daß die endgültige Fassung dieses Einführungsschreibens vom Entwurf nicht erheblich abweichen wird.

Das vorliegende Werk basiert auf den Erfahrungen verschiedener Seminarveranstaltungen, die ich zu § 25 UStG sowie zu dem in engem Sachzusammenhang stehenden § 4 Nr. 5 Buchstabe b und c UStG im Jahre 1980 in mehreren Städten der Bundesrepublik gehalten habe. Dabei zeigte sich, daß die Auslegung der neuen Bestimmungen und ihrer Anwendung in der Praxis erhebliche Schwierigkeiten bereitet. Für die Anregungen, die ich im Rahmen der Seminarveranstaltungen erhalten habe, möchte ich allen Teilnehmern dieser Seminare herzlich danken.

Eine wichtige Überlegung bei der Erstellung des Manuskriptes war, die komplizierte Regelung der Besteuerung der Reiseleistungen so darzustellen, daß die umfangreichen und nicht zu vermeidenden Berechnungen automatisiert werden können. Ich habe mich daher frühzeitig mit der DATEV in Verbindung gesetzt und mit ihr zusammen die Organisationen geschaffen, durch die die von mir angestrebten Erleichterungen möglich wurden. Mein besonderer Dank gilt hierbei neben den Herren des Vorstandes der DATEV den Herren Dipl. Kfm. Rainer Porzelt und Dipl. Kfm. Jürgen Ewald. Herr Steuerberater und Wirtschaftprüfer Dr. Peter Küffner hat mit seinem Mitarbeiter, Herrn Betriebswirt Heinrich Lorenz ein vereinfachtes Buchungssystem entwickelt (vgl. Der Steuerberater 1980 S. 297 ff) und auf den Seminaren vorgestellt; die dadurch gewonnenen Anregungen und Erfahrungen waren eine wertvolle Hilfe bei der Erstellung des Manuskriptes. Mein weiterer Dank gilt Herrn Ministerialdirektor Gustav Hübner vom Bayerischen Staatsministerium der Finanzen, der neben seiner Mitwirkung an den Seminaren im bayerischen Raum die Liebenswürdigkeit besaß, mir wertvolle Hinweise zu geben.

München, im Mai 1981   *Günter Hässel*

Inhaltsverzeichnis

Abkürzungsverzeichnis

a. a. O. . . . . am angegebenen Ort
BB . . . . Betriebsberater (Zeitschrift)
BFH . . . . Bundesfinanzhof
BGBl. . . . . Bundesgesetzblatt
BStBl. . . . . Bundessteuerblatt
DATEV . . . . Datenverarbeitungsorganisation des steuerberatenden Berufes in der Bundesrepublik Deutschland e. G.
DB . . . . Der Betrieb (Zeitschrift)
f, ff . . . . folgend, folgende
IATA. . . . . International Air Transport Association
m. E. . . . . meines Erachtens
OPOS . . . . Offene Posten Buchhaltung
SKR 01. . . . . Spezialkontenrahmen 01 System DATEV
UStG. . . . . Umsatzsteuergesetz

I. Einführung

1. Altes Recht

Wer sich mit dem neuen Umsatzsteuerrecht für Reiseveranstalter auseinandersetzt, wird den bis 31. Dezember 1979 geltenden Regelungen nachtrauern und dies selbst dann, wenn er sie als schwierig und kompliziert empfunden hat. Der Vollständigkeit halber und damit das bis 31. Dezember 1979 geltende und anzuwendende Recht nicht ganz untergeht, sei das Wichtigste rekapituliert. Durch Erlaß vom 29. 12. 1969[1] wurden die in der Praxis auch beachteten und angewendeten Abgrenzungen zwischen den Vermittlerleistungen und den Eigenleistungen der Reiseveranstalter geregelt.

Das Urteil des Bundesfinanzhofes vom 20. November 1975 V R 138/73[2] brachte eine Änderung mit der Folge, daß bei Durchführung einer Pauschalreise der Unternehmer stets nur die Inlandsleistungen der Umsatzsteuer unterwerfen mußte. Der Veranstalter von Pauschalreisen erbringt nach Ansicht des V. Senats die Reisedienstleistungen auch insoweit selbst, als andere Unternehmer auf seine Veranlassung hin den Reiseteilnehmern gegenüber tätig werden. Dies gilt auch für den Fall, daß er sich in den Allgemeinen Reisebedingungen als Vermittler bezeichnet. Da diese Rechtsansicht im Gegensatz zu dem Reisebüroerlaß vom 29. 12. 1969 steht, verfügte das Bundesfinanzministerium mit Schreiben vom 24. 8. 1977,[3] daß ein Unternehmer aus Gründen des Vertrauensschutzes bis 31. 12. 1977 die Regelung des Reisebüroerlasses anwenden konnte und das BFH-Urteil vom 20. 11. 1975 nur anwenden mußte, wenn ihm dies günstiger erschien. Auch nach dem 31. 12. 1977 konnte nach dem Reisebüroerlaß verfahren werden, sofern er auf alle in Betracht kommenden Umsätze angewandt wurde.

Diese Regelungen gelten für alle Besteuerungsfälle, die bis 31. Dezember 1979 ausgeführt wurden.

Die in dem BFM-Schreiben vom 24. 8. 1977 angeschnittene Frage des Vertrauensschutzes wird nachfolgend im Hinblick auf das ab 1. 1. 1980 geltende Umsatzsteuerrecht nochmals angesprochen.

---

[1] Reisebüroerlaß vom 29. 12. 1969, BStBl. 1970, I 168; Vgl. auch BFH vom 2. 7. 59, V 285/57 U, BStBl. 1959 III S. 358 sowie BFH vom 19. 1. 67, V 52/63, BStBl. 1967 III S. 211.
[2] BFH 20. 11. 1975 VR 138/73, BStBl. 1976 II S. 307.
[3] BFM Schreiben vom 24. 8. 1977, IV A2 – S 7100 – 68/77 und gleichlautend Erlaß Niedersachsen S 7143–1–32 1 vom 24. 8. 77, StEK UStG 1967 § 4 Ziff. 3 Nr. 16.

2. EG-Recht

Bevor nun auf die einzelnen Bestimmungen eingegangen wird, ist über die Grundlagen der Gesetzesänderung zu informieren. Die 6. EG-USt-Richtlinie sieht in Artikel 26[4] vor, daß bei Durchführung einer Reise die von Reisebüros erbrachten Umsätze als einheitliche Dienstleistung des Reisebüros an den Reisenden anzusehen sind. Diese Dienstleistung wird in dem Mitgliedsstaat besteuert, in dem das Reisebüro den Sitz seiner wirtschaftlichen Tätigkeit oder eine feste Niederlassung hat, von wo aus es die Dienstleistung erbringt. Für diese Dienstleistung gilt als **Brutto-Besteuerungsgrundlage** die **Marge** des Reisebüros, d. h. die Differenz zwischen dem vom Reisenden zu zahlenden Gesamtbetrag und den tatsächlichen Kosten, die dem Reisebüro durch die Inanspruchnahme von Lieferungen und Dienstleistungen anderer Unternehmer entstehen (sog. Reisevorleistungen). Durch diese Bestimmungen soll letzten Endes erreicht werden, daß alle Reisebüroleistungen an Letztverbraucher im gesamten EG-Gebiet erfaßt werden (vgl. *Springsguth*[5]). Reisen in Gebiete außerhalb der Gemeinschaft sind nicht steuerbar bzw. steuerbefreit (vgl. § 3a UStG und § 25 Abs. 2 Nr. 1 u. 2). Werden Umsätze sowohl innerhalb als auch außerhalb der Gemeinschaft erbracht, so ist nur der Teil der Dienstleistung des Reisebüros als steuerfrei anzusehen, der auf die Umsätze außerhalb der Gemeinschaft entfällt (§ 26 Abs. 3 6. EG-USt-Richtlinie – vgl. auch Beispiel 14 des Einführungsschreibens zu § 25). Der Deutsche Gesetzgeber hat sich im Rahmen des Umsatzsteuergesetzes 1980 auch dieser EG-USt-Richtlinie angepaßt und insbesondere die für die Umsatzbesteuerung von Reisebüros wichtigen Bestimmungen der §§ 3a, 4 Nr. 5 und 25 UStG neu geschaffen. Zur Bestimmung des Ortes der Leistung nach § 3a UStG verweise ich auf zwei Schaubilder von *Graupner*[6] und von *Wagner*[7]. Ganz entscheidend ist es, bei den vielfältigen Sachverhalten eine richtige Einordnung in die Kriterien der §§ 4 Nr. 5 und 25 sowie der allgemeinen Bestimmungen des Umsatzsteuergesetzes vorzunehmen.

3. Übergangsregelungen

Bereits 1971 hat die Bundesregierung eine Gesetzesnovelle zur Neuregelung des Umsatzsteuerrechts im Reisebüro vorgelegt. Erst 1980 schlugen

---

[4] 6. E. G. Richtlinie – Artikel 26.
[5] Springsguth, Umsatzsteuer bei Auslandsbeziehungen, IWB Fach 3 Deutschland, Gruppe 7 Seite 503 m. w. N.
[6] Graupner, Anlage zu UStR Heft 3 1980.
[7] Wagner, NWB Fach 7 S. 2975.

sich die langjährigen Bemühungen des Gesetzgebers in der äußerst kompli-
zierten Regelung des § 25 UStG 1980 nieder. Wozu allerdings der Gesetzgeber annähernd zehn Jahre benötigte, wird der Wirtschaft und dem Berater
ein Zeitraum von nicht mehr als einem Monat gegeben, geht man einmal
vom Tag der Verkündung des Gesetzes bis zu seinem Inkrafttreten aus.

Bedenkt man, daß das Einführungsschreiben zu § 25 UStG vom 3. Juli
1980 über sechs Monate nach Inkrafttreten des Gesetzes veröffentlicht wurde
und daß das Einführungsschreiben zu § 4 Nr. 5 UStG erst im Mai 1982
bekannt gemacht wurde, so wird man dem vielfach vorgetragenen Wunsch
nach einer großzügig bemessenen Übergangszeit für die Besteuerung von
Reiseleistungen von Seiten der Finanzverwaltung sicherlich großes Ver-
ständnis entgegen bringen müssen.

Eine derartige Übergangszeit ist auch deshalb notwendig, weil nach neu-
em Umsatzsteuerrecht Art und Höhe der Besteuerung davon abhängig sein
kann, ob der Empfänger der Leistung diese für sein Unternehmen erwirbt
oder nicht. Gerade bei der Kalkulation von Pauschalreisen stellt dies einen
Reiseveranstalter vor kaum lösbare Probleme, da er die Zusammensetzung
seiner Kunden nicht kennt, wenn er ein Reiseziel neu plant. Auch hier erscheint deshalb eine Übergangszeit zur Anpassung unumgänglich.

Die Bundesregierung hat dieses Problem sehr wohl erkannt, wie eine
gegenüber dem Finanzausschuß abgegebene Antwort vom 27. Februar 1980
auf eine Anfrage eines Abgeordneten zeigt:[8]

,,Die Bundesregierung wird im Zusammenwirken mit den Ländern bei der Durchführung des Umsatzsteuergesetzes 1980 Rücksicht auf die Übergangsschwierigkeiten
nehmen, die durch die kurze Zeitspanne zwischen Verkündung und Inkrafttreten des
Gesetzes entstehen können. Im Rahmen der gesetzlichen Möglichkeiten wird die Bundesregierung in Zusammenwirken mit den Ländern von den Möglichkeiten für Billig-
keitsmaßnahmen – insbesondere in der Anfangszeit großzügig – Gebrauch machen".

Es bleibt zu hoffen, daß die Finanzverwaltung diese Absichtserklärung der
Bundesregierung in die Tat umsetzt.

4. Abgrenzungsprobleme

Es ist erforderlich, zwischen den drei möglichen Leistungskriterien der
Reisebüros bzw. Reiseveranstalter zu unterscheiden:
a) Umsätze, die unter die **allgemeinen Bestimmungen** des Umsatzsteuergesetzes fallen (vgl. Erläuterungen unter II).
b) Umsätze aus **Vermittlungsgeschäften** (vgl. Erläuterungen unter III).

---

[8] Bundestagsdrucksache 8/327; vgl. hierzu auch das Schreiben der Bundessteuerbe-
raterkammer an das Bundesfinanzministerium, DStR 1979 S. 540.

c) Umsätze aus Reiseleistungen, deren **Besteuerung nach § 25 UStG 1980** erfolgt (vgl. Erläuterungen unter IV).

Soweit Reiseleistungen unter mehrere Kriterien fallen (sog. **Mischformen**), ist entsprechend aufzuteilen.

Besonders zu beachten ist, daß eine ordnungsgemäße Umsatzversteuerung von Reisebüroleistungen nur möglich ist, wenn die einzelnen Sachverhalte bei der Zusammenstellung eines Reiseangebotes und der Erstellung der Rechnung an den Reisenden nach den unterschiedlichen Kriterien unterteilt werden. Nachträgliche Korrekturen sind – wenn überhaupt – nur unter erheblichem Zeitaufwand möglich.

II. Besteuerung von Reiseleistungen außerhalb des § 25 UStG

1. Die gesetzlichen Bestimmungen

§ 25 UStG findet keine Anwendung, soweit ein Reiseveranstalter Reiseleistungen *für das Unternehmen des Leistungsempfängers* erbringt (Ziff. I Abs. 3, des Einführungsschreibens zu § 25 UStG).

§ 25 UStG gilt auch dann nicht, wenn ein Unternehmer Reiseleistungen durch *Einsatz eigener Mittel* erbringt (vgl. Ziff. I Abs. 9 des Einführungsschreibens zu § 25 UStG).

In diesen Fällen sind die **allgemeinen Bestimmungen** des Umsatzsteuergesetzes anzuwenden, **insbesondere:**

§ 3 Abs. 6 UStG:
Die Lieferung wird dort ausgeführt, wo sich der Gegenstand zur Zeit der Verschaffung der Verfügungsmacht befindet.

§ 3a UStG (Ort der sonstigen Leistung):
(1) Eine sonstige Leistung wird an dem Ort ausgeführt, von dem aus der Unternehmer sein Unternehmen betreibt. Wird die sonstige Leistung von einer Betriebsstätte ausgeführt, so gilt die Betriebsstätte als der Ort der sonstigen Leistung.

(2) Abweichend von Absatz 1 gilt:
1. Eine sonstige Leistung im Zusammenhang mit einem Grundstück wird dort ausgeführt, wo das Grundstück liegt. Als sonstige Leistungen im Zusammenhang mit einem Grundstück sind insbesondere anzusehen:
   a) sonstige Leistungen der in § 4 Nr. 12 bezeichneten Art,
   b) sonstige Leistungen im Zusammenhang mit der Veräußerung oder dem Erwerb von Grundstücken,
   c) sonstige Leistungen, die der Erschließung von Grundstücken oder der Vorbereitung oder der Ausführung von Bauleistungen dienen.
2. Eine Beförderungsleistung wird dort ausgeführt, wo die Beförderung bewirkt wird. Erstreckt sich eine Beförderung nicht nur auf das Erhebungsgebiet, so fällt nur der Teil der Leistung unter dieses Gesetz, der auf das Erhebungsgebiet entfällt. Die Bundesregierung kann mit Zustimmung des Bundesrates durch Rechtsverordnung zur Vereinfachung des Besteuerungsverfahrens bestimmen, daß bei Beförderungen, die sich sowohl auf das Erhebungsgebiet als auch auf das Außengebiet erstrecken (grenzüberschreitende Beförderungen),
   a) kurze Beförderungsstrecken im Erhebungsgebiet als außengebietliche und kurze außengebietliche Beförderungsstrecken als Beförderungsstrecken im Erhebungsgebiet angesehen werden,
   b) Beförderungen über kurze Beförderungsstrecken in den in § 1 Abs. 3

bezeichneten Zollfreigebieten nicht wie Umsätze im Erhebungsgebiet behandelt werden.

3. Die folgenden sonstigen Leistungen werden dort ausgeführt, wo der Unternehmer jeweils ausschließlich oder zum wesentlichen Teil tätig wird:

a) künstlerische, wissenschaftliche, unterrichtende, sportliche, unterhaltende oder ähnliche Leistungen einschließlich der Leistungen der jeweiligen Veranstalter,

b) Umschlag, Lagerung oder andere sonstige Leistungen, die damit oder mit den unter Nummer 2 bezeichneten Beförderungsleistungen üblicherweise verbunden sind,

c) Werkleistungen an beweglichen körperlichen Gegenständen und die Begutachtung dieser Gegenstände.

4. Die Vermietung beweglicher körperlicher Gegenstände – ausgenommen Beförderungsmittel – wird dort ausgeführt, wo die Gegenstände genutzt werden.

(3) Ist der Empfänger einer der in Absatz 4 bezeichneten sonstigen Leistungen ein Unternehmer, so wird die sonstige Leistung abweichend von Absatz 1 dort ausgeführt, wo der Empfänger sein Unternehmen betreibt. Wird die sonstige Leistung an die Betriebsstätte eines Unternehmers ausgeführt, so ist statt dessen der Ort der Betriebsstätte maßgebend. Ist der Empfänger einer der in Absatz 4 bezeichneten sonstigen Leistungen kein Unternehmer und hat er seinen Wohnsitz oder Sitz außerhalb des Gebiets der Europäischen Wirtschaftsgemeinschaft, wird die sonstige Leistung an seinem Wohnsitz oder Sitz ausgeführt. Absatz 2 bleibt unberührt.

§ 26 Abs. 3 UStG:

(3) Der Bundesminister der Finanzen kann unbeschadet der Vorschriften der §§ 163 und 227 der Abgabenordnung anordnen, daß die Steuer für folgende Umsätze niedriger festgesetzt oder ganz oder zum Teil erlassen wird, soweit der Unternehmer keine Rechnungen mit gesondertem Ausweis der Steuer (§ 14 Abs. 1) erteilt hat:

1. für grenzüberschreitende Beförderungen im Luftverkehr. Bei Beförderungen durch außengebietliche Unternehmer kann die Anordnung davon abhängig gemacht werden, daß in dem Land, in dem der außengebietliche Unternehmer seinen Sitz hat, für grenzüberschreitende Beförderungen im Luftverkehr, die von Unternehmern mit Sitz in der Bundesrepublik Deutschland durchgeführt werden, eine Umsatzsteuer oder ähnliche Steuer nicht erhoben wird;

2. für Beförderungen im Luftverkehr mit Berlin (West), solange und soweit sich aus der gegenwärtigen Stellung Berlins (West) im Hinblick auf den Luftverkehr Besonderheiten ergeben.

2. Umsätze an andere Unternehmen

Da aufgrund ausdrücklicher Regelung in § 25 Abs. 1 zweiter Halbsatz UStG, die besondere Besteuerung von Reiseleistungen nach § 25 UStG nur

Anwendung findet, wenn die Leistungen nicht für das Unternehmen des Leistungsempfängers bestimmt sind, gelten in allen anderen Fällen die allgemeinen Bestimmungen.

Ebenso wie bei den Umsätzen aus Eigenleistungen besteht auch hier voller Vorsteuerabzug, sind die Erlöse nach allgemeinen Grundsätzen zu besteuern und ist das Erhebungsgebiet nach § 1 Abs. 2 UStG das Inland und nicht das Gebiet der EG.

Beispiele:
1. Beispiel: Ein Reiseveranstalter (B) kauft bei einem Reiseunternehmer (A) eine komplette Pauschalreise ein. B verkauft diese Reise weiter an Reisende. Die Leistung des A wird erbracht für das Unternehmen des B und unterliegt daher den allgemeinen Bestimmungen (vgl. I Abs. 3 des Einführungsschreibens zu § 25 UStG).
2. Beispiel: Ein Unternehmen kauft eine Reise für Zwecke seines Unternehmens ein, etwa zur Belohnung eines Arbeitnehmers (vgl. Beispiel 5 des Einführungsschreibens) oder als Dienstreise.

3. Eigenleistungen

Soweit ein Unternehmen Reiseleistungen erbringt und hierfür eigene Mittel einsetzt (eigene Beförderungsmittel, eigene Hotels, Betreuung durch angestellte Reiseleiter), ist § 25 UStG nicht anzuwenden. Sachlich tritt insoweit keine Änderung zum bisherigen Recht ein: Die mit den Eigenleistungen im Zusammenhang stehenden Vorsteuerbeträge sind abzugsfähig, die Erlöse sind umsatzsteuerpflichtig, wenn nicht Steuerbefreiungen anzuwenden oder die Umsätze nicht steuerbar sind.

Bei der Beurteilung der Steuerbarkeit von Eigenleistungen gilt wie bisher, daß nur Umsätze, die im Erhebungsgebiet (§ 1 Abs. 2 UStG) ausgeführt werden, steuerbar sind. Lediglich bei Anwendung des § 25 UStG wird die Steuerpflicht auf das Gebiet der EG ausgedehnt, nicht dagegen in allen anderen Fällen.

Eigenleistungen sind also immer gegeben, wenn ein Reisebüro eigene Leistungen oder Leistungen, die mit eigenen Mitteln bewirkt werden, verkauft.

Beispiele:
1. Beispiel: Ein Reisebüro veranstaltet eine Busreise mit eigenem Bus und eigenem angestellten Fahrer (vgl. Beispiel 12 des Einführungsschreibens zu § 25 UStG).
2. Beispiel: Eine Eigenleistung liegt auch vor, wenn ein Reisebüro einen Omnibus ohne eigenen Fahrer anmietet (vgl. Ziff. I Abs. 9 letzter Absatz des Einführungsschreibens zu § 25 UStG) oder aufgrund eines Gestellungsvertrages ein bemanntes Beförderungsmittel anmietet (Schreiben des Bundesministers der Fi-

nanzen vom 10. Oktober 1980 an den Bundesverband des Deutschen Personen-
verkehrsgewerbes (BPD) e. V. – Gesch.-Zeichen IV A 2 – S 7419 – 8/80).

3. Beispiel: Eigenleistungen sind gegeben, wenn ein Reisebüro am Zielort die
Reisenden durch eigenes Personal betreut (vgl. Beispiel 12 des Einführungsschreibens zu § 25 UStG).

4. Beispiel: Die Unterbringung in eigenen Hotels des Veranstalters stellt Eigenleistung dar (vgl. Ziff. I Abs. 9 des Einführungsschreibens zu § 25 UStG).

III. Vermittlungsgeschäfte

1. Die gesetzlichen Bestimmungen

Voraussetzung für die Anwendung des § 25 UStG ist unter anderem, daß Unternehmer gegenüber dem Leistungsempfänger (gemeint ist hier der Reisende) *in eigenem Namen* auftritt.

Diese Voraussetzung ist bei Vermittlungsgeschäften nicht erfüllt, daher sind Provisionen aus Vermittlungsgeschäften nach den allgemeinen Bestimmungen zu behandeln.

Da neben § 25 UStG auch § 4 Nr. 5 UStG vollkommen neu gefaßt wurde und der bisherige § 8 UStG gänzlich entfällt, sind die für Reiseveranstalter wichtigen Neuerungen nachfolgend ausführlich behandelt.

§ 3 Abs. 9 UStG (Leistungen):
Sonstige Leistungen sind Leistungen, die keine Lieferungen sind. Sie können auch in einem Unterlassen oder im Dulden einer Handlung oder eines Zustandes bestehen.

§ 4 UStG (Steuerbefreiungen bei Lieferungen, sonstigen Leistungen und Eigenverbrauch):
Von den unter § 1 Abs. 1 Nr. 1 bis 3 fallenden Umsätzen sind steuerfrei:
. . .
5. die Vermittlung
    a) der unter die Nummern 1 bis 4 fallenden Umsätze,
    b) der grenzüberschreitenden Beförderungen von Personen mit Luftfahrzeugen oder Seeschiffen,
    c) der Umsätze, die ausschließlich im Außengebiet bewirkt werden,
    d) der Lieferungen, die nach § 3 Abs. 8 als im Erhebungsgebiet ausgeführt zu behandeln sind.
Nicht befreit ist die Vermittlung von Umsätzen durch Reisebüros für Reisende. Die Voraussetzungen der Steuerbefreiung müssen vom Unternehmer nachgewiesen sein. Der Bundesminister der Finanzen kann mit Zustimmung des Bundesrates durch Rechtsverordnung bestimmen, wie der Unternehmer den Nachweis zu führen hat;

2. Auftreten in fremdem Namen

Häufig treten Reisebüros in fremdem Namen und für fremde Rechnung auf. Sie vermitteln also gegen Provision Reisen anderer Veranstalter. Der *Wille, in fremden Namen handeln zu wollen* und unmittelbare Rechtsbeziehungen zwischen dem leistenden Unternehmen und dem Leistungsempfänger herstellen zu wollen, muß hierbei den Beteiligten gegenüber *deutlich zum Ausdruck kommen* (vgl. Ziff. I Abs. 1 und 2 des Einführungsschreibens zu § 4 Nr. 5 UStG). Das Entgelt des vermittelnden Reisebüros besteht in seiner Provision.

Beispiel:

Das Reisebüro A verkauft an einen Reisenden C eine Pauschalreise des Veranstalters B, wobei sich aus der Rechnung an C ergibt, daß A im Namen und für Rechnung des B tätig wird. A rechnet in aller Regel die Provision des B zusammen mit der Rechnung für die Reise ab.

Rechnung B an A:

Reise Kunde C		DM 1.000,–
abzügl. 15% Provision	DM 150,—	
+ 13% USt.	DM 19,50	
		DM 169,50
		DM 830,50

Rechnung A an C:
Im Namen und für Rechnung des B
berechnen wir:
Eine Pauschalreise nach...................................   DM 1.000,–

Das Entgelt des Reisebüros kann auch in einem **Auslagenersatz** bestehen, der als *durchlaufender Posten* behandelt werden kann, sofern die Voraussetzungen hierfür gegeben und nachgewiesen sind.

Soweit das Reisebüro neben der Provision **Leistungsentgelte vom Reisenden** erhält, gelten die Erläuterungen unter 8.

3. Sonstige Leistung

Die Vermittlung stellt eine sontige Leistung dar (§ 3 Abs. 9 UStG), die Provision ist zum Regelsteuersatz zu versteuern, sofern nicht die Befreiungsvorschriften des § 4 Nr. 5 b und c UStG anzuwenden sind. Danach ist die Vermittlung von grenzüberschreitenden Beförderungen von Personen mit Luftfahrzeugen oder Seeschiffen und die Vermittlung der Umsätze, die ausschließlich im Außengebiet bewirkt werden, steuerfrei.

Vorsteuern, die im Zusammenhang mit derartig steuerbefreiten Umsätzen entstehen, sind in voller Höhe abzugsfähig (vgl. § 15, Abs. 3 Nr. 1 und 2 UStG).

4. Steuerfreiheit

Die Anwendung der Steuerfreiheit nach § 4 Nr. 5 UStG setzt voraus, daß die maßgebliche Vermittlungsleistung im Inland bewirkt wird. Der Ort der

Vermittlungsleistung bestimmt sich nach § 3a Abs. 1, § 3a Abs. 2 Nr. 1 oder § 3a Abs. 3 UStG).

Nicht unter die Befreiung fällt die Vermittlung von Pauschalreisen im Sinne von § 25 Abs. 1 UStG, sofern der Reiseveranstalter seinen Sitz oder seine Betriebsstätte im Erhebungsgebiet hat. (vgl. Ziff. III Abs. 5 mit Beispiel 2 im Entwurf des Einführungsschreibens zu § 4 Nr. 5 UStG).

Dies wird damit begründet, daß die Durchführung einer Pauschalreise eine einheitliche sonstige Leistung des Veranstalters darstellt. Die Tätigkeit des vermittelnden Reisebüros besteht nicht in der Vermittlung von Einzelleistungen, sondern in der Vermittlung des Reisepaketes, das der Veranstalter an seinem Sitz (Betriebsstätte) zusammengestellt hat. Die Leistung des Veranstalters ist eine sonstige Leistung im Sinne von § 3a Abs. 1 UStG (vgl. § 25 Abs. 1 Satz 4 UStG).

Beispiele:
1. Beispiel: Ein Reisebüro vermittelt für einen Veranstalter im Erhebungsgebiet (§ 1 Abs. 2 UStG) eine Pauschalreise nach Italien/Schweiz/Frankreich. Die Provision hierfür ist steuerpflichtig. Auf das Reiseziel kommt es nicht an, sondern auf den Ort der Betriebsstätte des Veranstalters.
2. Beispiel: Ein inländisches Reisebüro vermittelt für einen Veranstalter mit Sitz in der Schweiz eine Pauschalreise im Inland (große Moselfahrt). Die Provision ist nach § 4 Nr. 5c UStG steuerfrei, da der Umsatz (Zusammenstellen der Reise) im Ausland bewirkt wurde.
3. Beispiel: Das Reisebüro A in München vermittelt im Auftrag des Unternehmers B in Madrid für leitende Angestellte dieser Firma, die an einem Fachkongreß teilnehmen, mehrere Zimmer in einem Hotel in München. Die Vermittlungsleistung des Reisebüros A wird im Erhebungsgebiet erbracht (§ 3a Abs. 1 UStG) und stellt daher einen steuerpflichtigen Umsatz dar (§ 1 Abs. 1 Nr. 1 UStG). Eine Steuerbefreiung nach § 4 Nr. 5 UStG kommt für A nicht in Betracht. Der Umsatz unterliegt mit 13% der Umsatzsteuer.

Das Erhebungsgebiet ist nach § 1 Abs. 2 UStG abzugrenzen. Das Gebiet der Europäischen Gemeinschaft ist für die Behandlung der Provisionserlöse als Ausland zu betrachten.

5. Steuerfreiheit bei Nettokalkulationen

Die Reisebüros erhalten für ihre Vermittlungsleistungen von den Leistungsträgern Provision, die unter den Voraussetzungen des § 4 Nr. 5b bis c UStG 1980 steuerfrei sind. Steuerfreie Vermittlungsumsätze liegen auch dann vor, wenn die Leistungserbringer Nettopreise angeben und die Reisebüros ihre handelsüblichen Provisionen aufschlagen.

,,Steuerfreie Vermittlungsleistungen an die Leistungsträger sind in diesen Fällen auch dann gegeben, wenn das Reisebüro die Vermittlungsprovision nicht vom Leistungsträger oder einer zentralen Verrechnungsstelle überwiesen erhält, sondern in der vertraglich vorgesehenen Höhe selbst berechnet und dem Leistungsträger nur den Preis abzüglich der Provision überweist" (vgl. Ziff. III Abs. 2 Einführungsschreiben zu § 4 Nr. 5 UStG).

Das gleiche muß m. E. gelten, wenn an Stelle einer vertraglich vorgesehenen Provision von dem Reisebüro ein Vermittlungsentgelt in üblicher Höhe verrechnet wird.

6. Steuerbefreiung von grenzüberschreitenden Beförderungen

Die Steuerbefreiung der Vermittlung von grenzüberschreitenden Beförderungen von Personen mit Luftfahrzeugen und Seeschiffen kann nur in diesen Fällen in Anspruch genommen werden. Der Gesetzgeber hat die Steuerbefreiung auf Luftfahrzeuge und Seeschiffe eingeschränkt, für eine gedankliche Ausweitung auf grenzüberschreitende Beförderung mit Omnibussen, der Eisenbahn oder Mietwagen ist ausgeschlossen.

7. Steuerbefreiung bei Vermittlung von Umsätzen, die ausschließlich im Außengebiet bewirkt werden

Der Begriff Außengebiet richtet sich nach § 1 Abs. 2 UStG. Außengebiet ist z. B. auch die hohe See. D. h., die Vermittlung von Kreuzfahrten fällt unter § 4 Nr. 5 Buchstabe c UStG.

8. Vermittlung von Umsätzen durch Reisebüros für Reisende (§ 4 Nr. 5 Satz 2 UStG)

Unbestritten ist nunmehr auch, wie § 4 Nr. 5 Satz 2 UStG auszulegen ist. Die Bestimmung lautet:

Nicht befreit ist die Vermittlung von Umsätzen durch Reisebüros für Reisende.

Diese Ausnahme erfaßt nur den **Auslagenersatz,** den das Reisebüro vom Reisenden (Letztverbraucher) zusätzlich erhält zu seiner (steuerfreien) Provision von dem unter § 4 Nr. 5b und c UStG fallenden Veranstalter. Diese weiterverrechneten Nebenkosten unterliegen dem normalen Umsatzsteuersatz; im wesentlichen gleicher Ansicht *Berkenheide*[1] aaO: ,,In der Regel sind

---

[1] Berkenheide, Zur Änderung der Steuerbefreiungen im Umsatzsteuergesetz 1980, DStZ 1980 S. 140 (143).

die Reisebüros Vermittler der Leistungsträger ..." und nicht der Endverbraucher. Nicht ganz konsequent grenzt m. E. *Benda*[2] ab; er beachtet offensichtlich nicht, daß die Vermittlungsleistung in fast allen Fällen nicht für den Letztverbraucher, sondern für den Leistungsträger erbracht wird. Falsch ist dagegen in *IWB Kurznachrichten*[3] ausgeführt, daß im Falle einer Vermittlung keine Steuerfreiheit nach § 4 Nr. 5 UStG gegeben ist.

9. Abrechnung im Gutschriftsverfahren

Es ist in der Reisebürobranche üblich, daß der Leistungsträger dem vermittelnden Reisebüro zusammen mit der Rechnungslegung eine Gutschrift für seine Provision erteilt. Soweit diese Provision der Umsatzsteuer unterliegt, war es für den Leistungsträger fraglich, ob er trotz des Urteiles des BFH vom 17. 5. 1979[4] zum Vorsteuerabzug berechtigt ist. Wie bekannt, hat der BFH in der genannten Entscheidung zum Ausdruck gebracht, daß Gutschriften nicht als Rechnungen im Sinne des § 14 UStG anerkannt werden können, da der Gesetzgeber den Verordnungsgeber nicht ausreichend legitimiert habe, § 5 der 1. UStDV so zu regeln wie er es geregelt hat. Hierzu nimmt das Bundesfinanzministerium mit Schreiben vom 15. Oktober 1979[5] Stellung mit dem Ergebnis, daß der Vorsteuerabzug bis auf weiteres aus Gutschriften im Sinne des § 5 der 1. UStDV in Anspruch genommen werden kann. Diese Frage ist inzwischen dadurch geregelt, daß durch Gesetz zur Änderung und Vereinfachung des Einkommensteuergesetzes und anderer Gesetze vom 18. August 1980[6] das Gutschriftsverfahren als zulässig für Zwecke des Vorsteuerabzuges anerkannt wurde (vgl. § 14 Abs. 5 UStG in der neuen Fassung).

10. Unterprovisionen

Reisebüros geben von ihren Provisionen Anteile an die Reisenden oder an andere Reisebüros weiter. Soweit diese Preisnachlässe den Reisenden (Letztverbrauchern) gewährt werden, erhebt sich die Frage, wie dieser teilweise

---

[2] Benda, Umsatzsteuergesetz 1980, UStR 1979 S. 225 (238).
[3] IWB Kurznachrichten v. 27. 5. 1980, Fach 1 S. 282 (283).
[4] BFH v. 17. 5. 1979 V R 112/74, BStBl 1979 II S. 657 = UStR 1979 S. 164 (Gutschriften berechtigen nicht zum Vorsteuerabzug).
[5] BMF-Schreiben vom 15. 10. 79 IV A 1 – S 7284–5/79, NWB Fach 1 S. 286, lfd. Nr. 1566/79 (Gutschriften können weiterhin angewandt werden).
[6] Gesetz zur Änderung und Vereinfachung des Einkommensteuergesetzes und anderer Gesetze v. 18. 8. 1980, BGBl I S. 1537 = BStBl. I S. 581.

Provisionsverzicht behandelt werden soll. Die Frage des Preisnachlasses durch Agenten ist durch Schreiben des Bundesministers der Finanzen vom 30. 10. 1978[7] geregelt. Demnach ist zwischen zwei Fällen zu unterscheiden:

a) Der Agent räumt den Abnehmern mit Zustimmung der Lieferfirma einen Preisnachlaß ein. Dieser Preisnachlaß wird aufgrund einer Vereinbarung von der Provision, die der Agent von der Lieferfirma bekommt, gleich abgezogen. In diesem Falle ist das Entgelt des Agenten die ihm gutgeschriebene, jedoch gekürzte Provision.

b) Der Agent räumt den Preisnachlaß ohne Beteiligung der Lieferfirma zu Lasten seiner Provision ein. In diesem Falle hat der Agent die volle Provision der Umsatzsteuer zu unterwerfen. Er ist nicht berechtigt, dem Abnehmer eine Gutschrift über den Preisnachlaß mit Ausweis der Umsatzsteuer zu erteilen und den entsprechenden Vorsteuerabzug vorzunehmen, weil zwischen ihm und dem Abnehmer kein Leistungsaustausch stattfindet.

Das Schreiben des BdF vom 30. 10. 1978[7] erging zwar zu Agenturgeschäften im Kraftfahrzeuggewerbe. Eine analoge Anwendung auf Vermittlungsgeschäfte in der Reisebürobranche erscheint logisch, sie muß allerdings auf die Fälle beschränkt bleiben, in denen dem Letztverbraucher (also dem Reisenden) Nachlässe aus der Provision des vermittelnden Reisebüros gewährt werden. Vermittlungen von Reisen durch mehrere Reisebüros hintereinander mit gespaltener Provision (sog. Unterprovision) sind nach normalen umsatzsteuerlichen Grundsätzen zu behandeln.

Beispiele:

1. Beispiel: Reisebüro B in München ist Agent eines griechischen Reeders. Vermittelt werden Kreuzfahrten im Mittelmeer. B erhält von dem Reeder 25% Provision. Davon gibt er an das Reisebüro C mit Wissen des Reeders 10% weiter. B. rechnet mit C im Namen und für Rechnung des Reeders ab.

Rechnung Reeder an B
Preis der Kabine   DM 1.000,—
Provision B 25%   DM   250,— st.-frei § 4, 5 c UStG

Rechnung B an C
Preis der Kabine   DM 1.000,—
Provision C 10%   DM   100,— st.-frei § 4, 5 c UStG

In beiden Fällen ist keine Kollision mit § 3a Abs. 1 UStG gegeben, da es nicht darauf ankommt, wo die Vermittlung erfolgt, sondern ob der Umsatz im Außengebiet bewirkt wird.

Das Reisebüro B hat Provisionserlöse von DM 150,— und durchlaufende Posten (Unterprovision für die Zuführung von Reisenden durch das Reisebüro C) von DM 100,—, da das Reisebüro B im Namen und für Rechnung des griechischen Reeders mit dem Reisebüro C abgerechnet hat.

---

[7] BMF Schreiben v. 30. 10. 1978 IV AZ – S 7200–70/78, BB 1978 S. 1655 (Agenten-Unterprovisionen).

Buchungsvorschläge:

30.000 Agentur-Verr. Reeder (OP)				Lief.-Kto. Reeder (OP)	
1)	1.000,–	2)	1.000,–	1) 150,–	1) 1.000,–
				2) 100,–	

10.000 Debitor C (OP)				8450 Prov. st.-fr. § 4 Nr. 1–6	
2)	1.000,–	2)	100,–		1) 150,–

4760 Provisionen
Keine Buchung, da keine eigenen Kosten!

2. Beispiel: Anders ist der Vorgang zu beurteilen, wenn B die Provision, ohne dies mit dem Reeder abgestimmt zu haben, an C weitergibt. In diesem Fall hat B einen Umsatz von DM 250, –, der bei ihm nach § 4 Nr. 5 Buchstabe c UStG steuerfrei ist. Gleichzeitig hat B einen Aufwand in Form der Unterprovision des C in Höhe von DM 100, –.

Nach überwiegender Meinung ist die Leistung des C an den B für die Vermittlung eines Kunden umsatzsteuerpflichtig. Das ergibt sich daraus, daß C nicht eine Leistung vermittelt, die im Außengebiet erbracht wird. C kann nämlich für den im Außengebiet tätigen Reeder keine Leistung vermitteln, da im Beispielsfalle zwischen C und dem Reeder keinerlei Rechtsbeziehungen bestehen. C wird ausschließlich für B in der Weise tätig, daß er ihm einen Kunden zubringt. C vermittelt also keinen Umsatz, der im Außengebiet erbracht wird; er vermittelt dem B einen Kunden. Die Provision des C unterliegt der Umsatzsteuer mit 13%, B ist zum Abzug der Vorsteuer berechtigt.

Buchungsvorschläge:

30.000 Agentur-Verr. Reeder (OP)				Lief.-Kto. Reeder (OP)	
1)	1.000,–	2)	1.000,–	1) 250,–	1) 1.000,–

8450 Prov. st.-fr. § 4, 1–6
1) 250,–

10.000 Debitor C (OP)				4760 Provisionen	
2)	1.000,–	2)	100,–	2) 100,–	

3. Beispiel: Eine IATA Agentur X erhält von den IATA-Fluggesellschaften unterschiedliche Provisionen. Das Reisebüro Y benötigt laufend Flugscheine und bezieht diese von X. X gewährt Y einen Kostenzuschuß von 5% aus dem Umsatz. (Die Gewährung einer Unterprovision ist nach dem IATA-Vertrag grundsätzlich nicht zulässig).

Beurteilung:

Alternative 1: Mehrfach wird die Meinung vertreten, daß der Kostenzuschuß trotz des Verbotes im IATA-Vertrag Provisionscharakter hat und daher bei inländischen Flügen steuerpflichtig und bei grenzüberschreitenden und bei Flügen im Außengebiet steuerfrei ist. Durch diese, auch von der Finanzverwaltung teilweise vertretene Ansicht, will man dem Provisionscharakter der Werbekostenzuschüsse gerecht werden.

Allerdings läßt sich gegen diese Ansicht mit gutem Grund alles das einwenden, was sich aus Beispiel 2 ergibt.

Alternative 2: Das Reisebüro Y erbringt an X eine sonstige Leistung in der Form, daß es X Flugkunden zubringt. Hierin kann eine sonstige Leistung im Sinne von § 3a, Abs. 4 Nr. 5 (Überlassung einer Information) liegen, die nach § 3a Abs. 3 UStG dort steuerpflichtig ist, wo X sein Unternehmen betreibt. Damit ergibt sich für die umsatzabhängigen Kostenzuschüsse Steuerpflicht bei Y und Vorsteuerabzugsmöglichkeit bei X. Zur Verminderung des steuerlichen Risikos dürfte die Alternative 2 immer dann zum Zug kommen, wenn Y vorsteuerabzugsberechtigt ist. Allerdings wird bei Abrechnungen mit Gutschriften auf Tz. 11 verwiesen.

Zum gleichen Ergebnis kommt man, wenn X und Y vereinbaren, daß X dem Y einen sogenannten Werbekostenzuschuß gewährt. Hier bestimmt sich dann die Steuerpflicht nach § 3a Abs. 4, Nr. 2 UStG (vgl. Beispiel 4, Seite 104).

4. Beispiel: Bei Vermittlung von Reisen, die nicht nach § 4 Nr. 5 UStG befreit sind, wird auf die Provisionen normale Umsatzsteuer berechnet. Das gilt auch für Unterprovisionen (§ 3 Abs. 9 in Verbindung mit § 3a Abs. 1 UStG).

Hierunter fallen auch Vermittlungen für ausländische Auftraggeber, da an Stelle des bis 31. 12. 1979 gültigen § 8 UStG (alt) (Leistungen für ausländische Auftraggeber) nur noch § 3a UStG 1980 gilt. Die in § 3a, Abs. 4 Nr. 10 genannten Vermittlungen fallen im Reisebürogewerbe üblicherweise nicht an.

11. Verunglückte Gutschriften

Eine besondere Bedeutung hat das BFH-Urteil vom 31. 1. 1980, demzufolge im Gutschriftsverfahren ausgewiesene Umsatzsteuer beim Gutschriftsaussteller nicht zum Vorsteuerabzug berechtigt, wenn der Gutschriftsempfänger eine nicht steuerpflichtige Leistung erbracht hat. Hätten die Gutschriftsempfänger Rechnungen erstellt, hätten sie die Umsatzsteuer nach § 14, Abs. 2 oder 3 UStG (im Urteilsfall unentschieden) geschuldet und der Rechnungsempfänger (bisher Gutschriftsaussteller) wäre zum Vorsteuerabzug berechtigt gewesen. Wer also eine Gutschrift über Provisionen zuzüglich Umsatzsteuer ausstellt, sollte sich vergewissern, daß die provisionspflichtige Leistung auch umsatzsteuerpflichtig ist. In Zweifelsfällen empfiehlt es sich, keine Umsatzsteuer zu vergüten, bis die Steuerpflicht geklärt ist. Zur Berichtigung bereits erteilter Abrechnungen vgl. BFH 27. 9. 1979[8].

---

[8] BFH 31. 1. 1980 V R 60/74, BStBl 1980 II S. 369 (verunglückte Gutschriften); vgl. auch BFH 27. 9. 79 V R 78/73, BStBl. 1980 II S. 228 (Änderung von Abrechnungen) sowie BMF-Schreiben vom 16. 5. 1980 IV A 2 – S 7330–2/80, BB 1980 S. 875 (Änderung der Bemessungsgrundlagen).

IV. Besteuerung von Reiseleistungen nach § 25 UStG
(sog. Margenbesteuerung)

1. Die gesetzlichen Bestimmungen

§ 25 UStG (Besteuerung von Reiseleistungen)

(1) Die nachfolgenden Vorschriften gelten für Reiseleistungen eines Unternehmers, die nicht für das Unternehmen des Leistungsempfängers bestimmt sind, soweit der Unternehmer dabei gegenüber dem Leistungsempfänger im eigenen Namen auftritt und Reisevorleistungen in Anspruch nimmt. Die Leistung des Unternehmers ist als sonstige Leistung anzusehen. Erbringt der Unternehmer an einen Leistungsempfänger im Rahmen einer Reise mehrere Leistungen dieser Art, so gelten sie als eine einheitliche sonstige Leistung. Der Ort der sonstigen Leistung bestimmt sich nach § 3a Abs. 1. Reisevorleistungen sind Lieferungen und sonstige Leistungen Dritter, die den Reisenden unmittelbar zugute kommen.

(2) Die sonstige Leistung ist steuerfrei, wenn die Reisevorleistungen

1. außerhalb des Gebietes der Europäischen Gemeinschaften bewirkt werden,

2. grenzüberschreitende Beförderungen mit Luftfahrzeugen oder Seeschiffen sind oder

3. Beförderungen mit Luftfahrzeugen oder Seeschiffen sind, die sich ausschließlich auf das Außengebiet erstrecken.

Sind die Reisevorleistungen nur zum Teil Reisevorleistungen im Sinne des Satzes 1, so ist nur der Teil der sonstigen Leistung steuerfrei, dem die in Satz 1 bezeichneten Reisevorleistungen zuzurechnen sind. Die Voraussetzung der Steuerbefreiung muß vom Unternehmer nachgewiesen sein. Der Bundesminister der Finanzen kann mit Zustimmung des Bundesrates durch Rechtsverordnung bestimmen, wie der Unternehmer den Nachweis zu führen hat.

(3) Die sonstige Leistung bemißt sich nach dem Unterschied zwischen dem Betrag, den der Leistungsempfänger aufwendet, um die Leistung zu erhalten, und dem Betrag, den der Unternehmer für die Reisevorleistungen aufwendet. Die Umsatzsteuer gehört nicht zur Bemessungsgrundlage. Der Unternehmer kann die Bemessungsgrundlage statt für jede einzelne Leistung entweder für Gruppen von Leistungen oder für die gesamten innerhalb des Besteuerungszeitraums erbrachten Leistungen ermitteln.

(4) Abweichend von § 15 Abs. 1 ist der Unternehmer nicht berechtigt, die ihm für die Reisevorleistungen gesondert in Rechnung gestellten Steuerbeträge als Vorsteuer abzuziehen. Im übrigen bleibt § 15 unberührt.

(5) Für die sonstigen Leistungen gilt § 22 mit der Maßgabe, daß aus den Aufzeichnungen des Unternehmers zu ersehen sein müssen:

1. der Betrag, den der Leistungsempfänger für die Leistung aufwendet,
2. die Beträge, die der Unternehmer für die Reisevorleistungen aufwendet,
3. die Bemessungsgrundlage nach Absatz 3 und
4. wie sich die in den Nummern 1 und 2 bezeichneten Beträge und die Bemessungsgrundlage nach Absatz 3 auf steuerpflichtige und steuerfreie Leistungen verteilen.

2. Anwendungsbereich

a) Allgemeines

Reiseleistungen sind nur dann nach § 25 UStG zu besteuern, wenn folgende vier Voraussetzungen nebeneinander gegeben sind:
– Das Unternehmen muß eine Reiseleistung erbringen.
– Das Unternehmen muß in eigenem Namen tätig werden.
– Das Unternehmen muß Reisevorleistungen in Anspruch nehmen.
– Der Leistungsempfänger darf die Leistung nicht für sein Unternehmen verwenden.

aa) Reiseleistungen. Reiseleistungen im Sinne des § 25 Abs 1 UStG sind alle Leistungen, die ein Unternehmer erbringt, um einen Reisewilligen in den Genuß der von ihm gewünschten Reise kommen zu lassen. Reiseleistungen bestehen nicht nur in der Erbringung eines Bündels von Einzelleistungen, sondern können auch gegeben sein, wenn ein Reiseunternehmen nur eine Leistung erbringt (vgl Ziff. I Abs. 1 des Einführungsschreibens zu § 25 UStG mit Beispiel). Beispiel 1 unterstellt eine steuerpflichtige Leistung im Sinne des § 25 Abs. 1 UStG, wenn eine Ferienwohnung vermietet wird. Nach dem Zweck des § 25 UStG erstreckt sich die Steuerpflicht auch auf die Vermietung von Ferienwohnungen im Bereich der Europäischen Gemeinschaft. Die Finanzverwaltung in Hamburg allerdings wendet diese Vorschrift nur auf Ferienwohnungen an, die im Bereich des Erhebungsgebietes gemäß § 1 Abs. 2 UStG liegen, da sich insbesondere bei Ferienwohnungen in Dänemark eine Doppelbesteuerung ergeben hat. Weitere Besonderheiten waren bei Drucklegung nicht bekannt – für Hinweise ist der Autor dankbar –.

bb) Tätigwerden in eigenem Namen. Das Abgrenzungskriterium ist die Vermittlung von Reisen. Allerdings besteht die Gefahr, daß unsauber durchgeführte Vermittlungsgeschäfte sehr leicht Eigengeschäfte mit der Folge der Steuerpflicht nach § 25 UStG werden können. Nur die exakte Durchführung von Vermittlungsgeschäften (vgl oben Kapitel III. 2) kann vor erheblichen Steuernachteilen schützen, wobei nachträgliche Korrekturen oft nicht mehr möglich sind (vgl unten Kapitel VI Beispiel 4, Problem 2).

cc) Reisevorleistungen. Der Begriff Reisevorleistungen wurde zusammen mit § 25 UStG neu geschaffen. ,,Reisevorleistungen sind alle Leistungen, die von einem Dritten erbracht werden und dem Reisenden unmittelbar zugute kommen. In Betracht kommen alle Leistungen, die der Reisende in Anspruch nehmen würde, wenn die Reise selbst durchführen würde, insbesondere Beförderung, Unterbringung, Verpflegung" (vgl. Ziff. I Abs. 10 des Einführungsschreibens zu § 25 UStG). Abzugrenzen ist hier insbesondere gegenüber Eigenleistungen, die der Reiseveranstalter erbringt. Diese kommen zwar auch dem Reisenden zugute, werden jedoch nicht von Dritten erbracht. (Zum Begriff Eigenleistungen vgl. oben Kapitel II. 3).

dd) Verwendung nicht für das Unternehmen des Empfängers der Leistung. Gesetzliche Voraussetzung für die Anwendung des § 25 UStG ist schließlich, daß die Reiseleistungen nicht für das Unternehmen des Empfängers bestimmt sind. Besteuert wird also nur die Reiseleistung gegenüber dem Letztverbraucher.

Erklärt der Leistungsempfänger nicht ausdrücklich, daß er die Leistung für Zwecke seines Unternehmens erwirbt, kann der Unternehmer die Besteuerung nach § 25 UStG vornehmen (vgl. Ziff. I Abs. 4 des Einführungsschreibens zu § 25 UStG).

Zur Frage von Berichtigungen falsch ausgestellter Rechnungen vgl. Kapitel IV, 7 und Kapitel VI Beispiel 4, Problem 2.

b) Kettengeschäft

Auch dieser Begriff wurde im Zusammenhang mit der Schaffung des § 25 UStG neu geprägt (vgl. Beispiele 4a und 4b im Einführungsschreiben zu § 25 UStG). Da beim Kettengeschäft der vorleistende Unternehmer an den die Leistung empfangenden Unternehmer leistet, scheidet § 25 UStG schon deshalb aus, weil es an einer Leistung an den Letztverbraucher fehlt (vgl. im übrigen auch unter 7).

c) Incentive – Reisen

Ein weiterer neuer **Begriff,** hinter dem sich die an den Arbeitnehmer eines Unternehmers kostenlos überlassene Reise verbirgt (vgl. Beispiel 5 im Einführungsschreiben zu § 25 UStG). Der Unternehmer erwirbt die Reise für Zwecke seines Unternehmens – nämlich um sie seinem Arbeitnehmer zur Verfügung zu stellen. Damit wird der Unternehmer, der sonst mit Reiseveranstaltungen nichts zu tun haben braucht, ein nach § 25 UStG zu behandelnder Reiseveranstalter.

Bei den Incentive-Reisen ist darauf zu achten, daß der Unternehmer eine etwa ausgewiesene Vorsteuer nicht geltend machen darf, da die Vorsteuer auf Reisevorleistungen nicht abzugsfähig ist (vgl. § 25 Abs. 4 UStG). Eine verunglückte Dienstreise könnte nachträglich zu einer Art Incentive-Reise werden, wenn z. B. die Betriebsprüfung eine für den Gesellschafter-Geschäftsführer als Betriebsausgabe behandelte Dienstreise nicht als solche anerkennt. In einem derartigen Fall hat das Reisebüro auf Verlangen der GmbH eine Rechnung mit Vorsteuernachweis ausgestellt (vgl. Ziff. I Abs. 4 des Einführungsschreibens zu § 25 UStG), die GmbH hat die Vorsteuer geltend gemacht und die Nettokosten als Betriebsausgaben verbucht. Die Nachträgliche Korrektur sollte nur bei der GmbH erfolgen (Eigenverbrauch gemäß § 1 Abs. 1 Nr. 2 Buchstabe c UStG) und bei dem Reisebüro nicht nach Jahren zu Korrekturen aufgrund von Fremdbetriebsprüfungen führen. Hierbei ist zu beachten, daß derartige nachträgliche Korrekturen bei den Reisebüros letztlich nur über Kontrollmitteilungen der Fremdbetriebsprüfer möglich wären. Der Arbeitsaufwand steht hier sicher in keinem Verhältnis, zumal die Umsatzsteuer über die Eigenverbrauchsbesteuerung bezahlt wurde (vgl. auch Kapitel VI: Beispiele 2 und 5).

d) Begriff der Reiseleistungen

Reiseleistungen werden nicht nur von Reiseveranstaltern erbracht. Vielmehr können neben dem Unternehmer, der Incentive-Reisen zur Verfügung stellt, eine Reihe anderer Unternehmer zu Reiseveranstaltern im Sinne des § 25 UStG – wider Willen – werden. Entscheidend kommt es darauf an, daß ein Unternehmer eine Reiseleistung gegen Entgelt überläßt. Reiseleistungen sind insbesondere Beförderung zu den einzelnen Reisezielen, Unterbringung und Verpflegung, Betreuung durch Reiseleiter und Durchführung von Veranstaltungen (vgl. Ziff. I Abs. 6 Einführungsschreiben zu § 25 UStG).

Beispiele: Ein Kegelklub unternimmt eine Jahresreise. Ein Unternehmer lädt Kunden zu einer entgeltlichen Besichtigungsfahrt ein. Ggfs. auch, wenn mehrere Personen sich zu einer Reisegemeinschaft (= Gesellschaft bürgerlichen Rechts) zusammenschließen vgl. Kapitel VI Beispiel 2).

Sogenannte gemischte Reiseleistungen liegen vor, wenn der Unternehmer sowohl Leistungen mit eigenen Mitteln erbringt – Eigenleistungen – als auch Reisevorleistungen in Anspruch nimmt (vgl. Ziff. I Abs. 11 Einführungsschreiben zu § 25 UStG).

e) Touristische Direktaufwendungen

Auch dieser Begriff wurde im Zusammenhang mit § 25 UStG neu kreiert. Hierunter versteht man den Sammelbegriff der einem Reiseveranstalter entstandenen Kosten für Reisevorleistungen und Eigenleistungen (vgl. Beispiel

14 des Einführungsschreiben zu § 25 UStG). Das Gegenstück – **Sammelbegriff der Erlöse** – stellen Gemischte Reiseleistungen dar.

3. Steuerfreiheit

Durch § 25 UStG sollen nur die Reiseleistungen erfaßt werden, die *im Bereich der Europäischen Gemeinschaft* bewirkt werden. Daher sind **steuerfrei:**

a) Leistungen, für die Reisevorleistungen außerhalb des Gebietes der Europäischen Gemeinschaft bewirkt werden.

Hierzu gehören insbesondere Beförderung, Verpflegung und Unterkunft in Drittstaaten (vgl. § 25 Abs. 2 Nr. 1 UStG und Ziff. II Abs. 1 Nr. 1 Einführungsschreiben zu § 25 UStG).

Beförderungen mit Luftfahrzeugen zwischen Berlin (West) und dem übrigen Erhebungsgebiet sind als Reisevorleistungen im Sinn des § 25 Abs. 2 Satz 1 UStG anzusehen (vgl. Ziff. II Abs. 2 Einführungsschreiben zu § 25 UStG). Offensichtlich ist damit gemeint, daß Leistungen aus Berlin-Flügen zu keiner Steuerpflicht führen sollen. Diese Steuerfreiheit erscheint systemgerecht, da auch außerhalb des § 25 UStG die Beförderung im Luftverkehr mit Berlin (West) von der Umsatzsteuer befreit ist (vgl. § 26 Abs. 3 Nr. 2 UStG).

b) Leistungen, denen als Reisevorleistungen grenzüberschreitende Beförderungen mit Luftfahrzeugen oder Seeschiffen zugrunde liegen.

Hierzu gehören Flüge aus dem Erhebungsgebiet (§ 1 Abs. 2 UStG) in das Außengebiet und zurück sowie Seereisen ab einem oder in einen Hafen im Erhebungsgebiet (z. B. Hamburg) (vgl. Ziff. II Abs. 1 Nr. 2 Einführungsschreiben zu § 25 UStG).

Zu beachten ist, daß im Rahmen des § 25 UStG zwar grundsätzlich alle Reiseleistungen, die im Bereich der EG bewirkt werden, erfaßt werden sollen. Bei der Abgrenzung der grenzüberschreitenden Beförderung gilt jedoch die Grenze des Erhebungsgebietes im Sinne von § 1 Abs. 2 UStG (also im wesentlichen die Bundesrepublik) als Merkmal.

Bei Beförderungen im Kraftfahrzeugverkehr, Eisenbahnverkehr und Binnenschiffsverkehr ist der Teil, der auf Beförderungen in Drittstaaten entfällt Reisevorleistung, die zur Steuerfreiheit führt, der Teil dagegen, der auf das EG-Gebiet entfällt, führt zur Steuerpflicht.

c) Leistungen, denen als Reisevorleistungen Beförderungen mit Luftfahrzeugen oder Seeschiffen zugrunde liegen, die sich ausschließlich auf das Außengebiet erstrecken (§ 25 Abs. 2 Nr. 3 UStG und Ziff. II Abs. 1 Nr. 3 mit Beispiel 9 Einführungsschreiben zu § 25 UStG).

Auch hier gilt als Abgrenzungsmerkmal die Grenze der Bundesrepublik (Erhebungsgebiet im Sinne von § 1 Abs. 2 UStG), so daß Flüge, die außerhalb der Bundesrepublik, jedoch im Bereich der Europäischen Gemeinschaft bewirkt werden, zur Steuerfreiheit führen.

d) Zusammenfassung:

Nicht steuerfrei sind Leistungen, denen insbesondere folgende Reisevorleistungen zugrunde liegen:
– Unterkunft und Verpflegung im Bereich der Europäischen Gemeinschaft
– Beförderungen mit Luftfahrzeugen im Bereich der Bundesrepublik (außer Berlin-West)
– Grenzüberschreitende Beförderung mit Omnibussen, der Bundesbahn oder mit Mietfahrzeugen
– Alle übrigen Reisevorleistungen, die nicht ausdrücklich in § 25 Abs. 2 Nr. 1 bis 3 aufgeführt sind. Eine Erweiterung der Begriffe ist nicht möglich.

e) Mischformen

Reiseleistungen sind entsprechend den Anteilen der steuerbefreienden Reisevorleistungen (§ 25 Abs. 2 Nr. 1–3 UStG) und der nicht steuerbefreienden Reisevorleistungen (§ 25 Abs. 3 UStG) **aufzuteilen** (vgl. Ziff. II Abs. 4 Einführungsschreiben zu § 25 UStG).

Eine Aufteilung eines einheitlichen Reisepreises, dem eigene Leistungen des Reiseveranstalters und Reisevorleistungen im Sinne des § 25 UStG zugrunde liegen, kann grundsätzlich im prozentualen Verhältnis dieser beiden Kostengruppen erfolgen (vgl. Ziff. III Abs. 2 Einführungsschreiben zu § 25 UStG).

Soweit zusätzlich Vermittlungsleistungen eines Veranstalters gegeben sind, sind auf die Vermittlungsleistungen die allgemeinen Vorschriften des Gesetzes anzuwenden (vgl. Ziff. I Abs. 5 des Einführungsschreibens zu § 25 UStG).

f) Aufteilung ein Verstoß gegen den IATA-Vertrag?

Nach dem IATA Vertrag ist es unzulässig, Flugpassagen zu billigeren, als den IATA-Tarifen anzubieten und zu verkaufen. Verstöße werden nach wettbewerbsrechtlichen Vorschriften (Ordnungswidrigkeiten) geahndet. In schwerwiegenden Fällen bestehen auch Sanktionsmöglichkeiten der IATA bis hin zur Kündigung des Vertrages mit dem IATA-Agenten.

Ausnahmen von diesen Beschränkungen sind nur möglich und zulässig, wenn eine pauschale Gesamtleistung (also z. B. Flug mit Hotelaufenthalt) angeboten wird. In diesen Fällen ist es allerdings unzulässig, den einheitlichen Reisepreis aufzuteilen in den Anteil an Flugkosten (grenzüberschreitend) und den Anteil der übrigen Reisevorleistungen. Die Trennung der Reisevorleistungen kann daher nicht durch den verkaufenden Veranstalter erfolgen. Der die Reisevorleistung empfangende Reiseunternehmer muß daher im Schätzungswege aufteilen auf steuerbefreiende und nicht steuerbefreiende Reisevorleistungen. Beispiel 9 des Einführungsschreibens zu § 25 UStG geht sicherlich auch von einer derartigen Schätzung aus.

Beispiel:
Der Reiseveranstalter A verkauft an B eine Reise Flug München – Rom und zurück mit einer Woche Aufenthalt in Rom, Führung und Stadtbesichtigung zum Pauschalpreis von DM 1000, –. B verkauft diese Reise weiter an den Letztverbraucher C.

B hat Reisevorleistungen, die steuerfreie Leistungen nach § 25 Abs. 2 Nr. 2 UStG (grenzüberschreitender Flug) und steuerpflichtige Leistungen (Hotel, Führung, Stadtbesichtigung im EG – Bereich) nach sich ziehen. Da A wegen der Bestimmungen des IATA Vertrages die Einzelpreisanteile nicht nennen darf, muß B im Schätzungswege aufteilen können.

4. Bemessungsgrundlage

a) Allgemeines

Da im Bereich der Europäischen Gemeinschaft der Vorsteuerabzug über die Grenze (noch) nicht gegeben ist, wurde durch § 25 UStG anstelle des Vorsteuerabzuges den Vorkostenabzug eingeführt.

Von den Erlösen werden die Vorkosten, das sind die Aufwendungen für Reisevorleistungen, abgezogen. Die verbleibende Differenz stellt die sogenannte **Bruttomarge** dar.

Diese Bruttomarge wird nun im Verhältnis der steuerpflichtigen und der steuerfreien Reisevorleistungen in umsatzsteuerpflichtige und umsatzsteuerfreie Bruttoerlöse aufgeteilt. Aus dem umsatzsteuerpflichtigen Bruttoerlös wird die Umsatzsteuer herausgerechnet. Was dann verbleibt, ist der umsatzsteuerpflichtige Nettoerlös – also die Bemessungsgrundlage (vgl. Beispiel 14 des Einführungsschreibens zu § 25 UStG).

Grundsätzlich muß der Unternehmer die Bemessungsgrundlage für jede einzelne Reiseleistung nach vorstehenden Grundsätzen berechnen und hierzu Aufzeichnungen erstellen.

Es ist jedoch ausdrücklich zugelassen, daß die *Gesamtbemessungsgrundlagen für Gruppen von Reiseleistungen oder für die innerhalb eines Besteuerungszeitraumes bewirkten Reiseleistungen in einer Summe ermittelt werden* (vgl. Ziff. III Abs. 4 und Beispiel 14 des Einführungsschreibens zu § 25 UStG).

Zur Vereinfachung der Buchführung und umsatzsteuerlichen Abrechnung – beides ist ohnehin kompliziert genug – empfiehlt es sich, die Aufzeichnungen über die Bemessungsgrundlage der Margenbesteuerung für alle innerhalb eines Erhebungszeitraumes (Kalenderjahr) erbrachten Leistungen zusammenzufassen.

Dies ist nach § 25 Abs. 3 letzter Halbsatz UStG und Beispiel 14 des Einführungsschreibens zu § 25 UStG möglich.

b) Negative Margen

Da sich bei Fällen wie im Beispiel 11 des Einführungsschreibens zu § 25 UStG auch „negative Margen" ergeben können, werden diese bei der Zusammenfassung mit erfaßt. Wie „negative Margen" bei getrennter Ermittlung der Bemessungsgrundlage für jede Leistung oder Gruppen von Leistungen umsatzsteuerlich – umsatz- und steuermindernd – zu behandeln sind, ergibt sich aus dem Einführungsschreiben im übrigen nicht.

Nach bisheriger Ansicht der Finanzverwaltung soll eine negative Marge nur mit Umsätzen im Sinn von § 25 UStG (positiven Margenumsätzen) verrechnet werden können (vgl. auch Kapitel VI Beispiel 7).

Dagegen soll eine Verrechnung mit Umsätzen anderer Art – z.B. Provisionen – nicht statthaft sein.

Eine derartige Einschränkung wird m. E. durch das Gesetz nicht gedeckt. Sie würde z.B. dazu führen, daß ein Reisebüro, das regelmäßig nur Provisionsumsätze hat, eine aus einer einmaligen Pauschalreise entstandene negative Marge nicht mit den Provisionserlösen verrechnen könnte.

Ein Unternehmen dagegen, das Umsätze gemäß § 25 UStG ausführt, kann positive und negative Margen – wie erläutert – innerhalb eines Veranlagungszeitraumes verrechnen.

Eine derartig ungleiche Behandlung steht auch dem Sinn und Zweck des § 25 UStG entgegen. Aufgrund der 6. EG – Umsatzsteuerrichtlinie sollte für Reiseleistungen eine Gleichbehandlung im Bereich der Europäischen Gemeinschaft herbeigeführt werden. Da dies nicht durch den Vorsteuerabzug möglich ist (EG-Vorsteuern können in anderen Mitgliedstaaten nicht angerechnet werden), wurde das recht komplizierte Verfahren des Vorkostenabzuges eingeführt. Hierdurch soll – wie bereits erläutert – nichts anderes erreicht werden als eine Art des Vorsteuerabzuges. Daher wird man auch die Auswirkungen, die sich aus dem Vorkostenabzug ergeben, nicht anders behandeln können, als wenn für die gleiche unternehmerische Betätigung der Vorsteuerabzug möglich wäre.

Eine sog. **negative Marge kann nur dadurch entstehen,** daß die Reisevorleistungen höher sind, als die Reiseleistungen. Der Unternehmer hat also zu höheren Beträgen eingekauft, als er verkaufen konnte. Soweit sich dies im Bereich des § 25 UStG abspielt, ist nichts anderes geschehen, als wenn ein Händler seine Waren für einen geringeren Preis verkaufen muß, als er sie eingekauft hat. Der Händler erhält, ohne daß hierüber nachgedacht wird, die die Mehrwertsteuer übersteigende Vorsteuer (Vorsteuerüberhang) erstattet oder er kann den Überhang mit Mehrwertsteuern aus anderen positiven Geschäften verrechnen.

Wirtschaftlich liegt das gleiche Ergebnis bei dem Reiseveranstalter vor, soweit er die negative Marge aus Umsätzen im Erhebungsgebiet (§ 1 Abs. 2 UStG) erleidet.

Beispiel:

Reiseeinkaufspreis einschl. Vorsteuer	DM 2260,–
Reiseverkaufspreis einschl. Umsatzsteuer	DM 1130,–
negative Marge	DM 1130,–
Darin enthaltene Umsatzsteuer 11,5%	DM 130,–

Dieser Betrag würde dem Unternehmer erstattet werden, wenn er seine Reisebüroabrechnung nicht nach § 25 UStG, sondern nach den allgemeinen Vorschriften, wie z. B. der oben erwähnte Händler vornehmen dürfte:

		USt.
Einkaufspreis einschl. 13% Vorsteuer	DM 2260,–	DM 260,–
Verkaufspreis einschl. 13% Umsatzsteuer	DM 1130,–	DM 130,–
Vorsteuerüberhang		DM 130,–

Der Reiseveranstalter ist also nur deshalb schlechter gestellt, weil er seine Umsätze nach der Spezialvorschrift des § 25 UStG besteuern muß.

Soweit negative Margen aus Umsätzen herrühren, die in den außerdeutschen EG-Gebieten erbracht werden, würde der als Vergleich herangezogene Händler nur dann keinen erstattungsfähigen Vorsteuerüberhang haben, wenn er Einfuhrumsatzsteuern nicht entrichtet hätte, wie dies bei Reiseleistungen üblich ist. Eine großzügige Pauschalregelung muß hier in Einzelfällen Abhilfe schaffen.

5. Vorsteuerabzug

Der Vorsteuerabzug für Reisevorleistungen ist ausgeschlossen (vgl. § 25 Abs. 4 UStG). Damit wird erreicht, daß die als Berechnungsgrundlage dienende Marge in allen Fällen vergleichbarer Leistungen im ganzen Gebiet der Europäischen Gemeinschaft einheitlich ermittelt wird.

Durch den Vorkostenabzug – vgl. oben 4 – wird wirtschaftlich ein Vorsteuerabzug in der Weise vorgenommen, daß die Marge um die in den Kosten enthaltene Vorsteuer gekürzt wird.

Beispiel:

	Nettomethode nach allg. Grundsätzen	Bruttomethode einschl. 13% USt nach § 25 UStG
Umsatz	1000, –	1130, –
Kosten/Reisevorleistungen	100, –	113, –
Nettoumsatz/Bruttoumsatz	900, –	1017, –
zzgl. 13% USt	117, –	
abzgl. 11,5% USt		117, –
Bruttoumsatz/Nettoumsatz	1017, –	900, –

Bei den Belegen für Reisevorleistungen braucht der Unternehmer nicht darauf zu achten, daß die Vorsteuer ordnungsgemäß ausgewiesen wurde, da er die ihm in Rechnung gestellten Beträge in der tatsächlichen Höhe als Vorkosten anzusetzen hat. Es kommt auch nicht darauf an, ob der Unternehmer für die Reiseleistungen tatsächlich Umsatzsteuer zu entrichten hat (Ziff. IV Abs. 3 Satz 2 Einführungsschreiben zu § 25 UStG). Die einem Unternehmer für alle anderen betrieblichen Aufwendungen, die nicht Reisevorleistungen sind, in Rechnung gestellten Vorsteuerbeträge sind nach allgemeinen Grundsätzen abzugsfähig (vgl. § 25 Abs. 4 letzter Satz UStG).

Diese mit allgemeinen Aufwendungen (z. B. Prospektdruck o. ä) im Zusammenhang stehenden Vorsteuern sind in voller Höhe abzugsfähig; ein Ausschluß des Vorsteuerabzuges ist nicht gegeben, da die steuerfreien Umsätze nach § 25 Abs. 2 UStG ebenso zu behandeln sind, wie die steuerfreien Umsätze nach § 4 Nr. 1 bis 6 UStG (vgl. § 15 Abs. 3 Nr. 1 Buchst. a UStG).

6. Aufzeichnungspflichten

Neben den allgemeinen Aufzeichnungspflichten gemäß § 22 UStG sieht § 25 Abs. 5 UStG besondere Aufzeichnungspflichten für Unternehmer, die unter § 25 UStG fallen, vor. Zu beachten ist, daß die Aufzeichnungen gemäß § 25 Abs. 5 UStG aufbewahrt werden müssen. Berechnungen über die Bemessungsgrundlage müssen nicht aufbewahrt werden (vgl. Ziff. V Abs. 3 letzter Satz des Einführungsschreibens zu § 25 UStG). Bei gemischten Reiseleistungen muß aus den Aufzeichnungen ersichtlich sein, welcher Teil der Reiseleistungen nach § 25 UStG besteuert wurde und welcher Teil auf Eigenleistungen entfällt (vgl. Ziff. V Abs. 6 des Einführungsschreibens zu § 25 UStG). Soweit nur Teile der unter § 25 UStG fallenden Umsätze steuerpflichtig (§ 25 Abs. 1 UStG) und Teile nach § 25 Abs. 2 steuerfrei sind, so muß sich aus den Aufzeichnungen ergeben, wie hoch die Bemessungsgrundlage für die steuerfreien Umsätze ist (vgl. Ziff. V Abs. 11 des Einführungsschreibens zu § 25 UStG). Nach V Abs. 12 des Einführungsschreibens ist es ausdrücklich zugelassen, Aufzeichnungen über Gesamtbemessungsgrundlagen für Gruppen von Reisen oder Reisen innerhalb eines Besteuerungszeitraumes (Kalenderjahr) zusammenzufassen. Hieraus ergibt sich, daß neben der oben unter 4. erläuterten Zusammenfassung der Bemessungsgrundlagen keine Aufzeichnungen – etwa über ,,negative" Margen – erforderlich sind. Dies wird schließlich noch durch Beispiel 14 im Einführungsschreiben erhärtet. Zu den allgemeinen Aufzeichnungspflichten nach § 22 UStG wird auf § 63 UStDV, zu den speziellen Aufzeichnungspflichten nach § 25 Abs 5 UStG auf § 72 UStDV verwiesen.

7. Berichtigung von Rechnungen

Es ist branchenüblich, daß Reiseveranstalter den bei ihnen buchenden Reisebüros Rechnungen unter gleichzeitiger Gutschrift der vereinbarten oder üblichen Provisionen erteilen. Soweit ein Reisebüro (B) nun eine nach diesen Grundsätzen von einem Veranstalter (A) fakturierte Reise dem Kunden (C) nicht als Vermittler – also im Namen und für Rechnung des A – sondern im eigenen Namen verkauft, ergibt sich das Problem, ob B die Rechnung des A als Reisevorleistung behandeln kann oder ob diese Rechnung berichtigt werden muß.

Beispiel:
A stellt an B folgende Rechnung:

Pauschalreise für Ihren Kunden C		DM 1000, –
abzüglich Ihre Provision	DM 100, –	
+ 13% USt	DM 13, –	DM 113, –
		DM 887, –

B bezahlt an A den Betrag von DM 887, – und behandelt die Provision von DM 100, – als Umsatz, die Umsatzsteuer von DM 13, – führt er an das Finanzamt ab.

Sofern B gegenüber seinem Kunden C nicht klar zu erkennen gibt, daß er als Vermittler auftritt oder der Kunde dies ohnehin erkennen mußte (Kauf von Fahrkarten der Bundesbahn, Flugtickets o. ä.), läuft er Gefahr, daß sein Umsatz gegenüber C als Umsatz nach § 25 UStG angesehen wird. Die Bemessungsgrundlage nach § 25 UStG besteht aus dem Leistungsentgelt, das C aufwendet und der Reisevorleistung, die B aufwenden mußte. Ersteres ist bekannt – es beträgt DM 1000, –.

Im Rahmen der von mir veranstalteten Seminare habe ich mehrfach die Meinung vertreten, daß B den Betrag von DM 1000,– als Reisevorleistung im Sinne des § 25 Abs. 1 letzter Satz in Anspruch nehmen kann. Hieran halte ich nicht mehr fest.

Vielmehr ist es m. E. nicht möglich, daß B diese Rechnung des A als Reisevorleistung i. S. von § 25 Abs. 1 UStG letzter Satz behandelt. Will B diese Rechnung als Reisevorleistung behandeln, ist es unumgänglich, daß die Rechnung durch A berichtigt wird. Dies hat allerdings zur Folge, daß A die von ihm nach § 25 UStG behandelte Leistung nunmehr nach den allgemeinen Grundsätzen des Umsatzsteuergesetzes erfaßt, da er nunmehr erkennen muß, daß B die Rechnung im Rahmen seines Unternehmens verwendet. Daher scheidet bei A die Anwendung des § 25 UStG aus (vgl. oben Kapitel IV 2a, *dd* und Kapitel VI. Beispiel 4, Problem 2).

Läßt B die Rechnung nicht berichtigen, läuft er Gefahr, daß seine Bruttomarge auf DM 1000,– festgelegt wird, da seine Reisevorleistung null ist.

Soweit derartige nicht mit der Zielsetzung des § 25 UStG in Einklang zu bringende Sachbehandlungen bei späteren Betriebsprüfungen festgestellt werden und nicht mehr berichtigt werden können, sollte m. E. zumindest für eine angemessene Übergangszeit eine großzügige Billigkeitsregelung Platz greifen.

Als **Organisationshilfe** kann es dienen, daß sämtliche Bestellungen, die bei dem Leistungsempfänger zur Verwendung in seinem Unternehmen bestimmt sind, unter Kommissionsnummern erfolgen. In diesen Fällen kann der Veranstalter nicht nach § 25 UStG abrechnen, da ihm der Name des Reisenden nicht bekannt ist. Sofern zwischen den Geschäftspartnern darüberhinaus vereinbart wird, daß stets bei Nennung des Namens des Reisenden eine Vermittlungsleistung und bei Nennung einer Kommissionsnummer eine Eigenleistung nach § 25 UStG durch den bestellenden angestrebt wird, sollten die notwendigen Rechnungskorrekturen selten vorkommen.

V. Buchhaltungsprobleme

1. Vorbemerkung

Bei den nachfolgenden Erläuterungen wurde auf das Buchführungssystem DATEV abgestellt. Alle Angaben können jedoch ohne weiteres auf jedes andere Buchführungssystem angepaßt werden.

2. Agenturverrechnungskonten

Der Inhaber eines Reisebüros muß neben den allgemeinen handelsrechtlichen und steuerrechtlichen Buchführungsbestimmungen auch die Bestimmungen der länderverschiedenen Verordnungen für Reisebüros (in Bayern z. B. Reisebüroverordnung)[1] beachten. Danach müssen sich aus der Buchführung jeweils ohne Schwierigkeiten die einzelnen Forderungen und Verbindlichkeiten feststellen lassen. Es muß aus der Buchführung z. B. festgestellt werden können, welche Forderungen gegenüber Kunden (z. B. Reisende oder andere Reisebüros) und Verbindlichkeiten (insbesondere aus Kundenanzahlungen oder treuhänderisch für andere Veranstalter verwahrte Gelder) der Reisebürounternehmer hat. Den regionalen Behörden – meist Gemeinden – ist ein zusätzliches Prüfungsrecht mit der Möglichkeit des Entzuges der Gewerbeerlaubnis gegeben. Dies macht es erforderlich, jede einzeln abgerechnete Reise aus den Buchführungsunterlagen identifizieren zu können.

Dies wird erschwert oder gar unmöglich gemacht, wenn man die Agenturverrechnungskonten in der Klasse 1 als Sammelkonten einrichtet, die dann nur durch laufendes Ausziffern abgeklärt werden können. Eine erhebliche Vereinfachung ergibt sich, wenn man für jeden Veranstalter, mit dem man Agenturgeschäfte abwickelt, neben dem Kreditorenkonto ein Agenturverrechnungskonto im Bereich der Offenen Posten Buchhaltung (OPOS) einrichtet. Durch die OPOS-Listen (oder OPOS-Konten), die bei richtiger Verbuchung für Debitoren, Kreditoren und Agenturverrechnung erstellt werden wird ein ins Detail gehender Überblick gewahrt.

Da im OPOS-Bereich stets nach Rechnungsnummern abgeglichen wird und ausgeglichene Rechnungen nicht mehr erscheinen, hat es sich in der

---

[1] Reisebüroverordnung (Länderverschiedene Regelungen; in Bayern vgl. Landesverordnung über die Buchführungs- und Auskunftpflicht von Reisebüros und Betrieben zur Vermittlung von Unterkünften – Reisebüroverordnung – vom 26. Juli 1965, Bay. Gesetz und Verordnungsblatt 13/1965 S. 272).

Praxis bewährt, jedem Kunden sofort bei der festen Bestellung einer Reise eine Kommissionsnummer zuzuteilen (die identisch sein sollte mit der Rechnungsnummer des Kunden!) und die ganze Reise des Kunden anhand dieser Kommissionsnummer weiterzuverfolgen. Voraussetzung für einen OPOS-Ausgleich ist, daß jede Zahlung des Kunden, die Ausgangsrechnung an den Kunden, die Eingangsrechnung des Lieferanten einschließlich Provisionsabrechnung und jede Zahlung an den Lieferanten unter Verwendung dieser Kommissionsnummer gebucht werden. Diese Kommissionsnummer ist innerbetrieblich für den Vermittelnden und nicht zu verwechseln mit der oben angeführten Kommissionsnummer (vgl. Kapitel IV 7 letzter Absatz).

Nach endgültiger Abrechnung der Reise müssen in den drei OPOS-Bereichen Debitoren, Kreditoren, Agenturverrechnung alle Beträge der Kommissionsnummer ausgeglichen sein, d. h. unter dieser Kommissionsnummer erscheint nichts mehr auf den OPOS-Listen – oder es bleiben Differenzen, die dann leichter aufgeklärt werden können, als bei einem nicht nach Kommissions-Nummern, sondern nach Datum geordneten Agenturverrechnungskonto.

3. Sachkontenplan

Es wird der Kontenplan DATEV SKR 01 für alle Kontenbereiche angewandt, wobei nachfolgende Ergänzungen und Erweiterungen erforderlich sind.

Wie bereits erwähnt, ist der Aufbau der Buchhaltung und der betriebswirtschaftlichen Auswertungen auf dem System DATEV aufgebaut, da dieses System relativ weit verbreitet und bekannt ist. Eine Verwendung der Verschläge für den Kontenplan, die buchhalterische Erfassung, die Auswertung einschließlich der Margenberechnung und die Ermittlung des Umsatzes einschl. Umsatzsteuer kann ohne Schwierigkeiten bei der Anwendung eines jeden anderen Buchführungssystemes erfolgen. Die gesamten Vorschläge können sogar auf eine Handdurchschreibebuchführung übertragen werden, wenn die einzelnen Berechnungen dann von Hand nachvollzogen werden – insbesondere für die Ermittlung der Margen für einen Erhebungszeitraum.

4. Reisevorleistungen

a) Erhebungszeitraum

Reisevorleistungen werden für einen ganzen Erhebungszeitraum (Kalenderjahr) erfaßt, hierdurch wird erreicht, daß negative Margen (vgl. Kapitel

IV 4b) mit positiven Margen verrechnet werden (vgl. auch § 25, Abs. 3 letzter Satz UStG) Allerdings müssen sich aus den Aufzeichnungen die Reisevorleistungen ergeben (§ 25, Abs. 5 Nr. 2 UStG).

Zur richtigen Trennung der Steuerpflicht und Steuerfreiheit (vgl. § 25, Abs. 2, Satz 2 UStG) werden mindestens je 1 Konto benötigt für

aa) Reisevorleistungen zu steuerpflichtigen Umsätzen im Sinne von § 25, Abs. 1 S. 1 UStG

bb) Reisevorleistungen für steuerfreie Umsätze im Sinne von § 25, Abs. 2 Nr. 1 UStG

cc) Reisevorleistungen für steuerfreie Umsätze im Sinne von § 25, Abs. 2 Nr. 2 UStG

dd) Reisevorleistungen für steuerfreie Umsätze im Sinne von § 25, Abs. 2 Nr. 3 UStG

Die richtige Verbuchung auf diesen Konten ist Voraussetzung für richtige Trennung der Leistungsentgelte!

b) Trennung nach Jahren

Reiseleistungen werden für Reisen des laufenden und des Folgejahres (oft auch des vergangenen Jahres) berechnet. Eine Trennung über unterschiedliche Konten erleichtert die Margen-Abrechnung, die Salden für Vorjahr und Folgejahr können als Abgrenzungsposten in die Bilanz eingestellt werden.

c) Abweichendes Geschäftsjahr

Bei abweichendem Geschäftsjahr ist darauf zu achten, daß für die Umsatzsteuer immer das Kalenderjahr, für die Rechnungsabgrenzungsposten das Geschäftsjahr maßgeblich sind. Hier empfiehlt es sich gegebenenfalls, für die abweichenden Monate eigene Konten einzurichten.

d) Gliederung nach einzelnen Reisen

Soweit im Einzelfall Bedarf besteht, können Reisevorleistungen im Rahmen der im Zehnersprung unterteilten Kontengruppen für einzelne Reisen getrennt erfaßt werden; es sollten dann aber auch zur besseren Beurteilung im Bereich der Klasse 7 entsprechende Konten für die Ausgangsrechnungen dieser Reisen errichtet werden. Um zu vermeiden, daß die Buchhaltung unübersichtlich wird, sollten allerdings im Kostenartenbereich keine sehr weiten Unterteilungen erfolgen. Vielmehr eignet sich hierfür besser eine Kostenstellenrechnung.

e) Kostenstellenrechnung

Eine bessere Nachkalkulation einzelner Reisen oder Reisezielgebiete wird durch eine Kostenstellenbuchhaltung ermöglicht. Hierdurch kann erreicht werden, daß die Buchhaltung im Sachkontenbereich nicht mehr als unbedingt notwendig aufgebläht wird, jedoch brauchbare Kalkulationsunterlagen zur Verfügung stehen.

f) Trennung nach Reisemonaten

Eine Trennung nach Reisemonaten wurde nicht vorgesehen, da die Rechnungen der Reisevorleistenden in aller Regel verspätet eingehen und oft nur schwer zu den einzelnen Reisen zugeordnet werden können. Die Trennung nach Reisemonaten erscheint bei Verbuchung der Reisevorleistungen auch nicht erforderlich.

5. Eigenleistungen

a) Anwendung der allgemeinen Vorschriften

Eigenleistungen des Unternehmers sind aus dem Entgelt gemäß § 25 UStG auszuscheiden und nach den allgemeinen Vorschriften zu besteuern (vgl. Ziff. I Abs. 11 und Beispiel 12 des Einführungsschreibens zu § 25 UStG). Das Entgelt wird nach dem Verhältnis der Eigenleistungen und der Reisevorleistungen aufgeteilt (vgl. Beispiel 12 und Beispiel 14 des Einführungsschreibens zu § 25 UStG). **Achtung:** Bei der Aufteilung sind die eigenen Leistungen mit den dafür aufgewendeten Kosten (einschließlich Umsatzsteuer) anzusetzen (vgl. Ziff. III, Abs. 2 Einführungsschreiben zu § 25 UStG). Bei erheblichen Eigenleistungen mit Vorsteuerabzugsberechtigung empfiehlt sich die Einrichtung eines eigenen Vorsteuerkontos für Eigenleistungen, damit die Vorsteuer angesetzt werden kann. Hierdurch wird die steuerpflichtige Marge gemäß § 25 UStG bei gemischten Geschäften geringer (vgl. auch die nachfolgenden Beispiele siehe Kapitel VI Beispiel 5, Variante 3).

b) Trennung nach Steuerpflicht – Steuerfreiheit

Da Eigenleistungen zu steuerpflichtigen und steuerfreien Umsätzen führen, wird eine Trennung in Eigenleistungen für steuerbefreite und steuerpflichtige Umsätze vorgeschlagen.

Die **Kosten für Eigenleistungen** werden auf den Konten 3100 (stpfl. lfd. Jahr) und 3110 (nicht stb. lfd. Jahr) sowie 3300 (stpfl. Folgejahr) und 3310 (nicht stb. Folgejahr) gebucht. Die **Umsätze von gemischten Reiseleistungen** (Eigenleistungen und margenbesteuerte Umsätze) werden in der Klasse 7 gebucht. Die Aufteilung ergibt sich aus dem Verhältnis der Reisevorleistungen und der Eigenleistungen zueinander (vgl. Beispiel 14) und wird über die betriebswirtschaftliche Auswertung automatisch errechnet.

Zu beachten ist, daß die Eigenleistungen nur dann aus den Erlösen herausgerechnet werden dürfen, wenn gemischte Reiseleistungen vorliegen. Soweit Reisen nur aus Eigenleistungen bestehen, erfolgt die Verbuchung über Kostenkonten der Klasse 4 und über Erlöskonten der Klasse 8. In diesen Fällen werden die Konten der Klasse 3 und der Klasse 7 nicht berührt.

Beispiele:

1. Beispiel: Ein Omnibusunternehmer führt eine Reise mit seinem eigenen Bus durch, ohne irgendwelche Reisevorleistungen anderer Unternehmer in Anspruch zu nehmen.

Die laufenden Kosten für den Bus einschließlich der Lohnkosten des Fahrers werden in der Klasse 4 erfaßt, die Erlöse bucht der Unternehmer in der Klasse 8. Bei dieser Fallgestaltung tritt keine Änderung zur bisherigen Handhabung ein.

Dies gilt auch dann, wenn der Omnibusunternehmer neben derartigen Busreisen, die mit keinen gemischten Reisen in Verbindung stehen, Veranstaltungen durchführt, die nach § 25 UStG zu besteuern sind.

2. Beispiel: Ein Reiseveranstalter führt eine Pauschalreise durch, für die er auch eigene Mittel – z. B. einen eigenen Bus – einsetzt. Die Kosten für diesen Bus (laufender Unterhalt, Betriebskosten, Abschreibung, Kosten für den Fahrer) bucht der Unternehmer stets in der Klasse 4, da er bei Entstehung der Kosten (z. B. Bezahlung der Kraftfahrzeugsteuer) nicht weiß, wie sich diese Kosten auf typische Eigenleistungen gemäß Beispiel 1 und auf gemischte Reiseleistungen verteilen.

Der Unternehmer muß aber zur richtigen Aufteilung der Erlöse aus gemischten Reiseleistungen sowohl die Eigenleistungen (getrennt nach steuerbaren und nichtsteuerbaren) und die Reisevorleistungen (getrennt nach steuerpflichtigen und nicht steuerpflichtigen) ermitteln und ins Verhältnis setzen. Daher muß der Unternehmer die im Zusammenhang mit der gemischten Reise entstandenen und bisher in der Klasse 4 gebuchten Kosten für Eigenleistungen in die Klasse 3 umbuchen. Im Rahmen dieser Ausarbeitung wird vorgeschlagen, diese kalkulatorischen Kosten für Eigenleistungen (kalkulatorisch nur zu richtigen Abgrenzung im Sinne des § 25 UStG) auf den Konten 3100–3109 (steuerpflichtig lfd. Jahr) und 3110 bis 3119 (nicht stb. lfd. Jahr) sowie entsprechenden Konten für das Folgejahr zu belasten.

Da die Zusammensetzung der Kosten der Klasse 4 und das Verhältnis dieser Kosten untereinander und zu den Erlösen nicht verändert werden soll, wird als Konto für die Gegenbuchung der kalkulatorisch umzugliedernden Kosten für Eigenleistungen das Konto 5999 vorgeschlagen.

Soweit die umzugliedernden Kosten im Einzelfall feststellbar sind, sollten natürlich diese Beträge verwendet werden. Soweit dies nicht möglich ist, sind Umgliederungen nur nach qualifizierten Schätzungen möglich. Eine derartige Schätzung bei Omnisbusunternehmern könnte sein, daß als kalkulatorische Selbstkosten für das Betreiben eines Omnibus' 80% des möglichen Verkaufspreises angesehen werden.

Die umzugliedernden Kosten sind brutto zu erfassen – also einschließlich der darauf ruhenden Vorsteuern. Dies ist von Bedeutung, da die mit diesen Kosten in Verhältnis gesetzten Reisevorleistungen ebenso brutto erfaßt sind, da Vorsteuern auf Reisevorleistungen (IV Nr. 5) nicht abzugsfähig sind (vgl. auch Ziff. III Abs. 2 und Beispiel 10 des Einführungsschreibens zu § 25 UStG).

Auch dies spricht dafür, das Gegenkonto zur kalkulatorischen Umbuchung der Kosten in die Klasse 5 zu legen, da neben den in der Klasse 4 gebuchten Nettokosten auch die nicht zu den Kosten gehörende Vorsteuern umzugliedern ist.

Küffner/Lorenz[2] haben Vorschläge zur Erfassung, Aufzeichnung, Nachweisung und Verbuchung der Umsatzsteuer bei Reiseleistungen veröffentlicht. Diese Ausarbeitung geht im wesentlichen davon aus, daß der Unternehmer angehalten wird, dem steuerlichen Berater anhand der von *Küffner/Lorenz* entwickelten Formulare (Buchungslisten) Informationen zur richtigen Verbuchung der erbrachten Leistungen zu geben. Die Formblätter sind als Buchungsunterlagen sehr geeignet.

c) Trennung nach Jahren

Es gilt Anm. 4b sinngemäß.

d) Abweichendes Geschäftsjahr

Es gilt Anm. 4c sinngemäß.

e) Gliederung nach einzelnen Reisen

Es gilt Anm. 4d sinngemäß.

f) Kostenstellenrechnung

Es gilt Anm. 4e sinngemäß; da allerdings die den Eigenleistungen zuzuordnenden Kosten auch überwiegend in Klasse 4 gebucht werden (z. B. Ge-

---

[2] Küffner/Lorenz, Praxisproblem: Umsatzsteuer bei Reiseleistungen, Vorschläge zur Erfassung, Aufzeichnung, Nachweisung und Verbuchung, Steuerberater 1980 S. 297 ff.

hälter für Reiseleiter), wird eine sichere Nachkalkulation dieses Bereiches nur über eine Kostenstellenrechnung möglich sein.

g) Trennung nach Reisemonaten

Für Saisonbetriebe – insbesondere Omnibusunternehmen – könnte sich eine Trennung der Kosten und Erlöse von Eigenleistungen nach Reisemonaten als nützlich erweisen.

6. *Unterprovisionen*

In der Reisebürobranche ist es üblich, zusammen mit der Reiserechnung dem vermittelnden Reisebüro die ihm zustehende Provision gutzuschreiben. Da auch Reisen für das folgende Wirtschaftsjahr nach diesem Verfahren im alten Jahr abgerechnet werden, müssen Provisionen für Folgejahre separat erfaßt werden.

Die Verbuchung in der Klasse 4 hat sich in der Praxis bewährt, der Saldo wird bei Bilanzerstellung aktiv abgegrenzt.

Die Vorsteuer auf die Provision kann aufgrund der Neufassung des § 15 Abs. 1 Nr. 1 UStG bereits bei Vorliegen der Rechnung geltend gemacht werden. Auf die Ausführung der Leistung kommt es nicht mehr an (vgl. BStBl 1980 I 587[3]).

Die Frage, ob Provisionen, die für Vermittlung von Reisen der folgenden Geschäftsjahre bezahlt werden, überhaupt aktiv abzugrenzen sind, ist umstritten[4].

Da jedoch bei Reisebüros durch die Ermittlung der steuerpflichtigen Marge im Ertragsbereich eine exakte Periodenabgrenzung erfolgt, ist es sicher zu vertreten, hierzu gehörenden Provisionsaufwand für Folgejahre nicht als Aufwand des laufenden Jahres zu behandeln. Es wird daher vorgeschlagen, Provisionen jedenfalls auf zwei nach Jahren getrennten Kostenkonten zu verbuchen und bei Bilanzerstellung eine entsprechende Umbuchung auf Rechnungsabgrenzung vorzunehmen.

Natürlich kann die Provision für Folgejahre auch schon bei Erstellung der Buchhaltung sofort auf ein Abgrenzungskonto gebucht werden. Bei unterschiedlichen Vermittlungsleistungen anderer Reisebüros wird unter Umständen eine Erweiterung dieser Kostenkonten erforderlich sein.

---

[3] Gesetz zur Änderung und Vereinfachung des Einkommensteuergesetzes und anderer Gesetze v. 18. 8. 1980, BGBl I S. 1537 = BStBl I S. 581.

[4] *Herrmann-Heuer*, § 4 EStG, Anm. 29 d, Stichwort Provisionszahlungen; BFH IV 255, 256/64 v. 3. 12. 1964, BStBl 1965 III S. 93 sowie *Döllerer*, BB 1965 S. 1409 1969 S. 506).

7. Konten zur Verbuchung der Ausgangsrechnungen bei der Margenbesteuerung

a) Konten zur Verbuchung von geschätzten Zahlen von steuerfreien und steuerpflichtigen Margenanteilen

Nur bei kleineren Unternehmen wird es möglich sein, anhand der Vorauskalkulationen die steuerpflichtigen und steuerfreien Anteile der Margenerlöse zu schätzen und dann die Ausgangsrechnungen bereits im richtigen Verhältnis aufgeteilt zu verbuchen. Unternehmer, bei denen die Verhältnisse so überschaubar sind (das dürften aber die wenigsten sein!), können die Ausgangsrechnungen entsprechend aufgeteilt auf den jeweiligen Erlöskonten in der Klasse 8 verbuchen und benötigen keine Zwischenschaltkonten in der Klasse 7, aus denen dann unter Berücksichtigung der in der Klasse 3 gebuchten Aufwendungen für Reisevorleistungen und Eigenleistungen die entsprechenden steuerpflichtigen Anteile errechnet werden.

b) Konten zur Verbuchung der Ausgangsrechnungen als Grundlage zur exakten Ermittlung der Margen und der Eigenleistungen

Das Einführungsschreiben sieht in Ziff. III Abs. 6 vor, daß in den Umsatzsteuervoranmeldungen geschätzte Zahlen verwendet werden können. Voraussetzung ist, daß gewährleistet ist, daß regelmäßig keine höheren Abschlußzahlungen entstehen.

Dieser Möglichkeit folgend, wird vorgeschlagen, sämtliche gemischten Reiseleistungen in der Klasse 7 zu buchen (vgl. Kapitel VI Beispiel 5, Variante 3). Es wird weiter vorgeschlagen, zu Beginn eines Veranlagungszeitraumes die steuerpflichtigen Anteile der Umsätze mit Reisevorleistungen und der Umsätze aus Eigenleistungen zu schätzen und hieraus den Prozentsatz der zu erwartenden steuerpflichtigen Anteile aus gemischten Reiseleistungen zu bilden. Dieser Prozentsatz wird nur durchweg auf alle in der Klasse 7 gebuchten Beträge (Summe der Ausgangsrechnungen für gemischte Reiseleistungen) angewendet mit der Folge, daß aus den gebuchten Beträgen der geschätzte prozentuale Anteil der steuerpflichtigen Bruttoumsätze als Erlös in die Klasse 8 umgebucht wird, wobei gleichzeitig die Mehrwertsteuer errechnet und auf das Konto Mehrwertsteuer fällig umgebucht wird.

Durch die Abfrage der entsprechenden Werte auf den Konten der Klasse 3 und der Klasse 7 wird laufend überprüft, ob der angewandte Prozentsatz richtig ist; in der betriebswirtschaftlichen Auswertung für Reisebüros wird nachgewiesen, ob zu viel oder zu wenig versteuert wurde.

Beispiel:

Der Umsatz aus gemischten Reiseleistungen läßt folgende Verhältniszahlen erwarten:

Eigenleistungen steuerpflichtig	10%	
Eigenleistungen nicht steuerbar		50%
Reiseleistungen mit Reisevorleistungen stpfl.	20%	
Reiseleistungen mit Reisevorleistungen nicht stpfl.		20%
gesamt	30%	70%

Die erwartete Marge aus den gemischten Reiseleistungen beträgt 20%, das heißt, der Unternehmer erwartet aus den Erlösen aus gemischten Reiseleistungen einen Deckungsbeitrag von 20%.

Der steuerpflichtige Anteil an der Bruttomarge beträgt 30% aus 20% der Erlöse. Der steuerpflichtige Anteil der Gesamterlöse aus gemischten Reiseleistungen ist also auf 6% zu schätzen. Hieraus ist die Umsatzsteuer noch herauszurechnen.

Der Unternehmer sollte also in der Klasse 7 ein Konto

7000 Marge 6%

einrichten.

c) Umbuchung der Marge mit Beispiel ohne DATEV-System

Aus dem auf dem Konto 7000 während eines Monats angesammelten Betrag (Summe aller Ausgangsrechnungen mit gemischten Reiseleistungen) wird zum Ende des Buchungsmonats der steuerpflichtige Anteil umgebucht. Die Umbuchung erfolgt über ein Korrekturkonto 7999 (Soll) an das Erlöskonto 8000 Marge versteuert 13% und an das Konto Mehrwertsteuer fällig.

Beispiel:

Summe (Saldo) Konto 7000 zum Ende eines Buchungsmonats   DM 10000, –.

Umbuchung: 6% von DM 10000, –

	DM	Soll	Haben	DM
	600, –			
Erlöskonto			8000	531, –
Mehrwertsteuer fällig 13% von DM 531, –			1879	69, –
Korrekturkonto		7999		600, –

Durch eine laufende Überprüfung des Verhältnisses der Konten in der Klasse 3 läßt sich auch überprüfen, ob die Höhe des geschätzten Anteils der steuerpflichtigen Umsätze von 6% richtig ist. Eventuelle Korrekturen lassen sich relativ einfach durchführen.

Soweit die Umbuchungen bei einem Nicht-DATEV-System vorgenommen werden, besteht natürlich keine Bindung an die vorgeschlagenen Konten.

d) Umbuchung der Marge mit Beispiel mit DATEV-System

Die DATEV sieht in ihrem FIBU-Programm die Anwendung des ,,Faktors 2" vor (vgl. Fachnachricht, Fach 2. 33 Seite 5).

Diese Funktion wurde für die Konten 7000, 7100, 7200 und 7300 vorgesehen und zwar mit der Maßgabe, daß bei sämtlichen Buchungen, die auf den Konten 7000 und 7200 gebucht werden, 10% und die auf 7100 und 7300 gebucht werden, 5% herausgerechnet werden. Da als automatisches Gegenkonto die Konten 8000 verwendet werden, wird die Umsatzsteuer ebenfalls automatisch errechnet.

Beispiel

Umsatz Konto 7000   DM 10000, −

Zur Verdeutlichung wird im Beispielsfalle von einer Buchung von DM 10000, − ausgegangen. In der Praxis wird automatisch aus jeder Buchung, die auf dem Konto 7000 (7100, 7200, 7300) erfolgt, wie nachfolgend dargestellt, automatisch umgebucht:

Ergebnis

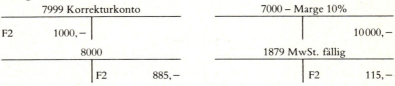

Vgl. Hierzu auch die Erläuterungen unter Kapitel VI.

e) Verbuchung nach Reisemonat

Der Umsatz ist erst erbracht und damit die Marge zu versteuern, wenn der Reisende seine Reise angetreten hat. Die Ausgangsrechnungen der Reisebüros werden vom Reisetermin unabhängig meist bei Bestellung der Reise ausgestellt.

Noch nicht ,,abgereiste" Ausgangsrechnungen stellen Vorausrechnungen dar. Auch hier hat es sich in der Praxis bewährt, nicht über Abgrenzungskonten zu buchen, sondern über nach Monaten gestaffelte Ertragskonten. Auch Storni werden über diese Konten erfaßt. Auch unter dem Gesichtspunkt, daß die Buchhaltung Auskunft darüber geben muß, welche Erlöse tatsächlich entstanden sind und welche erst noch erbracht werden müssen, wird die Verbuchung der Ausgangsrechnungen nach Reisemonaten gestaffelt empfohlen.

Andererseits ermöglicht diese Art der Verbuchung, daß auch Rechnungen, für die die Leistungen noch nicht erbracht sind, die aber das Haus verlassen haben und die von den Kunden in der Regel auch vor Reiseantritt bezahlt werden, verbucht sind.

Die Umbuchung der auf den Monatskonten angesammelten Beträge kann in zweierlei Weise erfolgen:

Beispiele

Beispiel 1: Der auf dem Monatskonto bis zum Beginn eines Buchungsmonats angesammelte Betrag wird zu Beginn des Buchungsmonats in einer Summe auf das Hauptkonto umgebucht. In diesem Fall werden alle Ausgangsrechnungen, die den laufenden Buchungsmonat betreffen (Reisemonat ist identisch mit Buchungsmonat), direkt auf dem Hauptkonto gebucht. Rechnungen für Reisen, die nach dem Buchungsmonat angetreten werden, werden auf den jeweiligen Monatskonten gebucht. Der Nachteil dieses Verfahrens ist, daß die Gesamtmonatssumme aller Ausgangsrechnungen nicht aus dem Monatskonto ersehen werden kann, jedoch aus dem Hauptkonto wie bei jeder anderen Buchführung. Der Vorteil ist, daß eine zeitnahe Umbuchung des Monatsumsatzes ohne zusätzliche Berechnungen gewährleistet ist.

Beispiel 2: Es wird auch während des laufenden Buchungsmonats auf dem Monatskonto gebucht, wobei am Ende des Buchungsmonats dann der Gesamtbetrag der auf dem Monatskonto gebuchten Beträge auf das Hauptkonto umgebucht wird.

Der Vorteil dieses Verfahrens ist, daß auf dem Hauptkonto dann nur die zwölf Monatssummen gebucht sind und hierdurch ein schneller Überblick über den Umsatzverlauf möglich ist. Der Nachteil ist, daß die am Monatsende umzubuchende Summe – z. B. bei Fernbuchhaltung über die DATEV – außerhalb der Buchhaltung ermittelt werden muß oder erst einen Monat später, nachdem die Auswertung des Vormonats vorliegt, erfolgen kann.

Beide Verfahren gewährleisten über die Automatik des Faktor 2, daß der vorläufig geschätzte steuerpflichtige Anteil richtig ermittelt und umgebucht wird.

f) Trennung nach Jahren

Es gilt Anm. 4b sinngemäß.

g) Abweichendes Geschäftsjahr

Es gilt Anm. 4c sinngemäß.

h) Gliederung nach einzelnen Reisen

Es gilt Anm. 4d sinngemäß.

i) Kostenstellenrechnung

Es gilt Anm. 4e sinngemäß.

8. Erlöskonten

a) Margenerlöse

Aufgrund der bereits mehrfach angesprochenen Mischungen von positiven und negativen Margen und der sich hieraus ergebenden steuerlichen Besserstellung reichen für den Normalfall zwei Erlöskonten aus. Regelmäßig wird die vorläufige Marge Mischwerte steuerpflichter und steuerfreier Anteile erhalten, so daß zunächst nur das Erlöskonto 8000 (Marge versteuert 13%) angesprochen wird.

Bei kleineren Unternehmen können am Jahresende – meist aber erst bei Bilanzerstellung wegen der sehr zögernd eingehenden Rechnungen über Reisevorleistungen – die durchschnittlichen steuerpflichtigen und steuerfreien Margen ermittelt werden. Die Buchhaltung ist dann entsprechend anzugleichen. Ich halte dieses Verfahren für zulässig, sofern sich keine höheren Abschlußzahlungen ergeben (vgl. Ziff. III Abs. 6 Einführungsschreiben zu § 25 UStG). In der Praxis wird es sogar regelmäßig gar nicht möglich sein, die Besteuerungsgrundlagen nach § 25 UStG anders zu ermitteln. Allerdings erscheint bei dieser Handhabung in der automatischen Umsatzsteuer-Anmeldung der steuerfreie Umsatz zunächst nicht.

Ab einer gewissen Unternehmensgröße wird es unumgänglich sein, die durchschnittliche Marge laufend zu überwachen und monatlich einmal durch entsprechende Umbuchungen von der Klasse 7 auf die Erlöskonten der Klasse 8 buchhaltungsmäßig nachzuvollziehen. Die Höhe der Umbuchungsbeträge ergibt sich aus der betriebswirtschaftlichen Auswertung (vgl. Erläuterungen bei Kapitel VII).

Das System ist so aufgebaut, daß bei Bilanzerstellung auf den Erlöskonten der Klasse 8 die Erlöse aus gemischten Reiseleistungen im richtigen Verhältnis (Umsätze aus Eigenleistungen nstb/stb: Umsätze aus Reisevorleistungen nstpfl./stpfl.) verbucht sind. Die Konten in der Klasse 7 werden gleichzeitig per Saldo auf null gestellt. Die Kontrolle ergibt sich aus der speziellen betriebswirtschaftlichen Auswertung für Reisebüros.

b) Erlöse aus Eigenleistungen

aa) Vorbemerkung. Da in der Reisebürobranche Rechnungen für viele Monate im voraus gestellt werden, ist es unerläßlich, Eigenleistungen exakt nach Reisemonaten gestaffelt zu buchen. Nur hierdurch behält der Unternehmer den Überblick über seinen tatsächlichen bisherigen Umsatz und Deckungsbeitrag. Bei Zwischenabschlüssen oder Jahresabschlüssen können die Ausgangsrechnungen für Folgemonate ohne großen Mehraufwand abgegrenzt werden (vgl. im übrigen Anm. 7e). Die vorgeschlagenen Konten der Klasse 8 sind bestimmt zur Verbuchung von Erlösen aus Eigenleistungen außerhalb des § 25 UStG (vgl. Kapitel V 5 b Beispiel 1) und zur Verbuchung der steuerpflichtigen Anteile aus gemischten Reiseleistungen (vgl. Kapitel V 7 d). Bei umfangreicheren Buchhaltungen empfiehlt sich eine Trennung in die beiden Bereiche (Pauschalbereich und Bereich mit Erlösen außerhalb von § 25 UStG).

bb) Anwendung der allgemeinen Vorschriften. Auf Eigengeschäfte sind die allgemeinen umsatzsteuerlichen Vorschriften anzuwenden (vgl. Kapitel II, 3). Alle Steuerbefreiungen sind zu beachten, z. B.
- § 3a Abs. 2 Nr. 2 i. V. mit § 26 Abs. 3 Nr. 1 für Beförderungsleistungen im grenzüberschreitenden Luftverkehr
- § 3a Abs. 2 Nr. 2 für andere Beförderungsleistungen
- § 3a Abs. 2 Nr. 1 Buchstabe a für Beherbergungsleistungen
- § 3 Abs. 6 für Verpflegungsleistungen

cc) Trennung nach Jahren.

Es gilt Anm. 4 b sinngemäß.

dd) Abweichendes Geschäftsjahr.

Es gilt Anm. 4 c sinngemäß.

ee) Gliederung nach einzelnen Reisen.

Es gilt Anm. 4 d sinngemäß.

ff) Kostenstellenrechnung.

Es gilt Anm. 4 e sinngemäß.

c) Erlöse aus Provisionen

Es wurde je ein Erlöskonto für steuerfreie und steuerpflichtige Provisionserlöse vorgesehen. Weitergehende Gliederungen sind möglich.

d) Automatische Umsatzsteuervoranmeldung

Die vorgeschlagenen Konten sind so geschlüsselt, daß eine Übernahme der Buchführungswerte in die richtige Zeile der Umsatzsteuervoranmeldung gewährleistet ist. Bei Änderungen oder Ergänzungen der Kontenvorschläge sollte hierauf geachtet werden. Das gleich gilt für die Übernahme in die betriebswirtschaftliche Auswertung. Allerdings erscheint der Margenumsatz steuerfrei (Konto 8010) zunächst nicht in der Umsatzsteuervoranmeldung, sondern erst bei Einzelumbuchung (vgl. Kapitel V 7e). Ein Nachteil für den Fiskus ergibt sicht nicht, da hieraus ohnehin keine Umsatzsteuer entsteht. Gegebenenfalls besteht die Möglichkeit, diesen Betrag zu errechnen und handschriftlich in die automatisch erstellte Umsatzsteuervoranmeldung einzutragen.

Auch in den Umsatzsteuervoranmeldungen für 1981 fehlt eine Zeile, in der die nach § 25 Abs. 2 UStG steuerfreien Umsätze erfaßt werden. Da eine Kürzung der Vorsteuer nicht gewollt ist (vgl. § 15 Abs. 3 Nr. 1 Buchst. a UStG), erscheint es richtig, diese Umsätze in der Umsatzsteuervoranmeldung in der Zeile „steuerfreie Umsätze nach § 4 Nr. 1 bis 6" auszuweisen. Die automatische Schlüsselung der Konten aufgrund der Vorschläge dieses Buches sieht dies vor (DATEV-System).

VI. Das Einführungsschreiben zu § 25 UStG – Praktische Würdigung der Beispiele

Beispiel 1

Ein Reiseunternehmer bietet im eigenen Namen Ferienwohnungen an, bei denen die Anreise und die Verpflegung am Ferienort regelmäßig auf eigene Initiative des Reisenden erfolgt.

Ergänzung: Der Reiseunternehmer bietet Ferienwohnungen an, die ihm von Dritten in Rechnung gestellt werden. Er erbringt also keine Eigenleistungen, sondern hat Reisevorleistungen. Der Unternehmer tritt in eigenem Namen auf. Die Ferienwohnung liegt in der Bundesrepublik.

Die Kosten der Reisevorleistung betragen je Wohnung und Woche DM 100, –. Der Unternehmer verkauft die Ferienwohnung zum Preis DM 115, – je Woche an den Reisenden. Reisemonat März lfd. Jahr.

Buchhalterische Abwicklung:

3000 Reisevorleistg. lfd. Jahr		Kreditor	
1) 100, –			1) 100, –

Debitor		7003 Reisem. März, Marge 10%	
2) 115, –			2) 115, –

Anmerkung zur buchhalterischen Abwicklung: Die Verbuchung erfolgt auf dem Konto Marge 10%, da dies der ersichtlichen Marge von 13.04% (DM 15, – aus DM 115, –) am nächsten kommt. Über die automatische Verprobung der Marge ist eine spätere Korrektur möglich.

Da sicher auch Umsätze mit geringeren Margen getätigt werden, tritt bei durchschnittlicher Margenermittlung über einen ganzen Besteuerungszeitraum zunächst kein Nachteil für den Fiskus ein. Sollte es sich zeigen, daß der Unternehmer laufend höhere Margen erzielt, als 10%, ist das Konto entsprechend zu ändern (z. B. Marge 13%). (vgl. hierzu Kapitel V 7b und d).

Beispiel 2

Ein Kaufhauskonzern veranstaltet auch Reisen.

Ergänzung: Es ist keineswegs erforderlich, daß ein Unternehmer Reisen veranstaltet, wie dies Kaufhauskonzerne – meist über angegliederte Reisebüros – üblicherweise tun.

Vielmehr fällt unter die Bestimmung des § 25 UStG jeder Unternehmer, der an einen Letztverbraucher eine Reise verkauft oder diesem eine Reise überläßt, z. B. Bauträger, die Kaufwillige zu Baustellen fahren, Vereine, die gegen Entgelt Ausflüge unternehmen, Unternehmer, die ihren Mitarbeitern Reisen überlassen und dergleichen.

Problem: Soweit Unternehmer, auch ohne es zu wollen und in vielen Fällen, ohne es zu wissen, Reisen im Sinne des § 25 ,,veranstalten", haben sie hinsichtlich der hierfür getätigten Aufwendungen Reisevorleistungen, für die der Vorsteuerabzug ausgeschlossen ist (§ 25 Abs 4 Satz 1 UStG). Sie haben die Marge – sofern eine solche überhaupt gegeben ist – zu versteuern (vgl. Kapitel IV 2 d).

Beispiel 3

Ein Vater schenkt seiner Tochter eine Pauschalreise.

Ergänzung: Die Schenkung des Vaters an die Tochter findet im Privatbereich statt, sodaß der Letztverbraucher der Vater ist.

Anders ist das zu sehen, wenn ein Unternehmer einem Geschäftsfreund eine Reise schenkt. In diesem Fall erwirbt der Unternehmer die Reise für sein Unternehmen, sodaß beim Reiseveranstalter § 25 UStG nicht anzuwenden ist.

Regelmäßig werden die Kosten für die Reise beim Unternehmer nicht als Betriebsausgaben abgezogen werden können (§ vgl. § 4 Abs. 5 EStG), sodaß Eigenverbrauchsbesteuerung gemäß § 1 Abs. 1 Nr. 2 Buchst. c UStG gegeben ist. Die Vorsteuern kann der Unternehmer m. E. nicht abziehen, da § 25 Abs. 4 UStG dem entgegensteht. Da hier eine vermeidbare Doppelbelastung eintritt, steht sich der Unternehmer besser, wenn er diese Schenkung in der Privatsphäre vornimmt – sofern dies möglich ist.

Der Reiseveranstalter kann die Reise nach § 25 UStG behandeln, wenn der Unternehmer keine Rechnung mit Vorsteuerausweis verlangt (vgl. Ziff. I Abs 4 des Einführungsschreibens zu § 25 UStG).

Welche Folgen nachträgliche Berichtigungen durch Betriebsprüfungen bei Kunden von Reisebüros haben, wurde oben unter Kapitel IV 2 c untersucht.

Beispiele 4 a und 4 b

Beispiel 4 a (Kettengeschäft)

Der Reiseunternehmer B kauft beim Reiseunternehmer A eine komplette Pauschalreise nach Italien ein. Sie schließt ein: Beförderung mit der Eisenbahn, Transfer, Unterkunft und Verpflegung am Zielort. Der Reiseunternehmer B bietet diese Pauschalreise seinerseits im Rahmen seines Reiseprogramms den Reisenden im eigenen Namen an.

In diesem Fall unterliegt nur die Leistung des Reiseunternehmers B an den Reisenden der Besteuerung nach § 25 UStG. Die Umsätze auf der Vorstufe (Reiseunternehmer A an Reiseunternehmer B) unterliegen der Besteuerung nach den allgemeinen Vorschriften des Gesetzes. Daraus folgt:

a) Bei der Beförderung mit der Eisenbahn unterliegt nur die Beförderungsleistung auf dem Streckenanteil, der auf das Erhebungsgebiet entfällt, der Besteuerung (§ 3 a Abs. 2 Nr. 2 Satz 2 UStG).

b) Der Transfer ist als Beförderungsleistung im Außengebiet nicht steuerbar (§ 3 a Abs. 2 Nr. 2 Satz 1 UStG).

c) Bei der Unterbringung im Hotel handelt es sich um eine sonstige Leistung der in § 4 Nr. 12 UStG bezeichneten Art, die nach § 3 a Abs. 2 Nr. 1 Buchst. a UStG nicht steuerbar ist.

d) Die Verpflegungsleistungen sind nicht steuerbar, da der Ort der Lieferung nach § 3 Abs. 6 UStG im Außengebiet liegt.

Beispiel 4 b (Kettengeschäft)

Der Reiseunternehmer A kauft bei einer Luftverkehrsgesellschaft Beförderungskapazitäten über Beförderungsleistungen im grenzüberschreitenden Verkehr mit Luftfahrzeugen ein und gibt einen Teil dieser Beförderungskapazitäten an den Reiseunternehmer B weiter, der sie seinerseits im Rahmen seines Reiseprogramms den Reisenden im eigenen Namen anbietet.

In diesem Fall unterliegt nur die Leistung des Reiseunternehmers B an den Reisenden der Besteuerung nach § 25 UStG. Die Umsätze auf den beiden Vorstufen (Luftverkehrsgesellschaft an Reiseunternehmer A und Reiseunternehmer A an Reiseunternehmer B) sind wie folgt zu behandeln: Für die Leistung der Luftverkehrsgesellschaft an den Reiseunternehmer A wird die Umsatzsteuer unter den Voraussetzungen des § 26 Abs. 3 Nr. 1 UStG nicht erhoben. Die Umsatzsteuer für die Leistung des Reiseunternehmers A an den Reiseunternehmer B ist aus Gründen der Gleichbehandlung aller Reiseunternehmer ebenfalls nicht zu erheben, wenn der Reiseunternehmer A für die Leistung an den Reiseunternehmer B keine Rechnung mit gesondertem Ausweis der Steuer erteilt hat. Für den Reiseunternehmer B stellt das an den Reiseunternehmer A für den Einkauf der Beförderungskapazitäten entrichtete Entgelt die Aufwendung für eine Reisevorleistung dar.

Ergänzung: Die Behandlung der Kettengeschäfte wird in der Praxis die vielfältigsten Probleme zur Folge haben.

Die in den Beispielen 4 a und 4 b dargelegten Fälle sind einfach nachzuvollziehen, da größere Kontingente weiterverkauft wurden. Der verkaufende Unternehmer weiß das und wird seine Leistungen nach den allgemeinen Bestimmungen des Umsatzsteuergesetzes behandeln, der einkaufende dagegen wird die erworbenen Kontingente als Reisevorleistungen behandeln, wenn er die erworbenen Reisebestandteile für Reisen im Sinne des § 25 UStG verwendet und als allgemeinen Einkauf (mit Vorsteuerabzug!), wenn und soweit der die Reisebestandteile zum Weiterverkauf an andere Unternehmer verwendet.

Problem 1: Bei Einkauf der Kontingente und Verbuchung der Einkaufsrechnung weiß der einkaufende Unternehmer keineswegs mit Sicherheit, ob er die gesamten erworbenen Kontingente im Rahmen des § 25 UStG an Letztverbraucher weiterverkaufen wird.

Beispiel: Der Reiseveranstalter A hat einen Rheindampfer für eine Reise voll gechartert; er gibt an den Reiseunternehmer B die Hälfte des Kontingents weiter. Zwischen A und B liegt ein Kettengeschäft vor. A hat das von B erhaltene Entgelt nach allgemeinen Bestimmungen der Umsatzsteuer zu unterwerfen, B ist nicht vorsteuerabzugsberechtigt, sofern er die Plätze an Letztverbraucher verkauft (§ 25 Abs. 4 UStG).

B stellt Reisen zusammen, ggfs. unter Hinzufügung weiterer Leistungen wie Busanreise, Reisebetreuung, Hotelunterkunft und dergleichen. Nachdem B seine derart zusammengestellten Reisen ausgeschrieben hat, seine Kalkulationen beendet sind und sämtliche Reisevorleistungen als solche gebucht wurden (unter Ausschluß des Vorsteuerabzuges), bestellt der Unternehmer C bei B eine derartige Reise, die er seinem langjährigen Mitarbeiter (vgl. Beispiel 5 des Einführungsschreibens zu § 25 UStG) schenken will. C besteht auf der Ausstellung einer Rechnung, C besteht auch darauf, daß der ausgeschriebene Pauschalpreis beibehalten wird und nicht etwa im Hinblick auf die nunmehr eingetretene Änderung im umsatzsteuerlichen Bereich (B darf die Reise nicht nach § 25 UStG behandeln, sondern muß die allgemeinen Vorschriften anwenden) eine Neukalkulation aufgemacht wird.

Für B geben sich folgende Fragen:

a) Aus den Leistungen der Vorlieferer (Veranstalter A, Busunternehmer, Hotel und dergl.) müssen die entsprechenden Anteile umgebucht werden auf Einkauf von Reiseleistungen für Reisen, die unter die allgemeinen Bestimmungen fallen, da § 25 UStG nicht anzuwenden ist, da die Reise nicht an den Letztverbraucher verkauft wurde. Bei Einkauf derartiger Reisevorleistungen sollte daher – auch wenn dies zunächst nicht wichtig erscheint – auf den ordnungsgemäßen Vorsteuerausweis geachtet werden.

b) Die Kalkulation des B stimmt dann nicht mehr, wenn er Reisevorleistungen von Kleinunternehmern ohne Vorsteuerausweis oder Reisevorleistungen von Unternehmern aus dem EG-Bereich – für den der Vorsteuerabzug ausgeschlossen ist – erhalten hat.

aa) Kalkulation nach § 25 UStG im innerdeutschen Bereich:

Verkaufspreis brutto		DM 1.000,–
Kosten:		
Schiff	inkl. Vorsteuer DM 300,–	
Bus	inkl. Vorsteuer DM 350,–	
Hotels	inkl. Vorsteuer DM 150,–	
Reisebetreuung	ohne Vorsteuer DM 50,–	DM 850,–
Bruttomarge		DM 150,–
Kalkulierte Umsatzsteuerbelastung 11,5% von DM 150,=		DM 17,25

Ergebnis:

Verkaufspreis brutto DM 1000,–,	
darin enthaltene Umsatzsteuer	DM 115,–
Vorsteuern aus DM 800,– für Schiff, Bus, Hotels	DM 92,–
Umsatzsteuerbelastung	DM 23,–
Kalkulierte Umsatzsteuerbelastung	DM 17,25
Mehrbelastung	DM 5,75

Dies ist darauf zurückzuführen, daß im Beispielsfalle davon ausgegangen wurde, daß die Reisebetreuung durch einen Kleinunternehmer i. S. von § 19 UStG erbracht wird.

Der Unternehmer muß aber nicht nur die Verschlechterung seines kalkulierten Gewinnes durch die Umsatzsteuer hinnehmen, er wird aus dieser Gestaltung weitere erhebliche Kosten infolge der erforderlichen Anpassung seiner Aufzeichnungen hinnehmen müssen.

Günstiger wird die Rechnung allerdings, wenn man vorstehendes Zahlenbeispiel umstellt auf den Bereich der Europäischen Gemeinschaft:

bb) Kalkulation nach § 25 UStG EG-Bereich:

Verkaufspreis brutto		DM 1.000,−
Kosten:		
Grenzüberschreitender Flug	DM 300,−	
Bus an Zielort Italien	DM 200,−	
Hotel Italien	DM 300,−	
Reisebetreuung	DM 50,−	DM 850,−
Bruttomarge		DM 150,−
davon steuerfrei Anteil grenzüberschreitender Flug 30/85		DM 53,−
steuerpflichtige Bruttomarge		DM 97,−
Kalkulierte Umsatzsteuerbelastung (11,5% von DM 97,−)		DM 11,15

Ergebnis:

Verkaufspreis brutto = netto, da alle Leistungen steuerfrei oder nicht steuerbar sind.

Umsatzsteuerbelastung daher		DM 0,−
Kalkuliert Umsatzsteuerbelastung		DM 11,15
Besserstellung		DM 11,15

Hierdurch können die Mehrkosten, die sich im Bereich der Verwaltung ergeben, gedeckt werden.

Problem 2: Es ist offenbar branchenüblich, Reisen von Veranstaltern „einzukaufen", − wobei die Veranstalter für diese Geschäfte den nachgeordneten („einkaufenden") Reisebüros Provisionen gewähren − und diese Reisen dann im eigenen Namen und für eigene Rechnung weiterzuverkaufen (vgl. Kapitel IV 7 und Kapitel VI Beispiel 10).

Beispiel: Das Reisebüro B bestellt bei dem Veranstalter A für den Kunden C eine Reise. A berechnet B diese Reise unter Gutschrift der vereinbarten Provision. Aus der Sicht des A bestehen Rechtsbeziehungen zwischen ihm und C hinsichtlich der von C (durch Vermittlung des B) erworbenen Reise und zwischen A und B hinsichtlich der Vermittlung. B hat vermittelt, A zahlt dafür Provision. A wird die Reise richtigerweise nach § 25 UStG behandeln, da er an den Letztverbraucher C (wenn auch durch Vermittlung des B) geleistet hat.

In vielen Fällen werden diese Reisen dann durch B nicht im Namen und für Rechnung des A an C weiterfakturiert. Vielmehr kalkuliert B diese Reise − ggfs. unter

Hinzufügung weiterer von anderen Veranstaltern zuerworbenen Reisebestandteilen – neu und fakturiert in eigenem Namen.

Das **Risiko des B** liegt nur darin, daß er nach herrschender Meinung hinsichtlich des von A erworbenen Reisebestandteiles keine Reisevorleistung im Sinne von § 25 Abs. 1 letzter Satz hat. Sofern B also durch sein eindeutiges Handeln gegenüber dem C so auftrat, daß C annehmen mußte, B habe die Reiseleistung des A nicht vermittelt, sondern in eigenem Namen verkauft, fällt B mit dieser Leistung unter § 25 UStG. Die Bemessungsgrundlage ist der Reisepreis des C nach Abzug der Reisevorleistungen. Da B von A keine Reisevorleistungen erhalten hat (er hat von A außer seiner Provision nichts erhalten, da A direkt an C geleistet hat), ist die Marge des B im Beispielsfall so hoch, wie der Verkaufspreis.

Derartige Fallgestaltungen treten häufig dann auf, wenn Kunden bereits fest bestellte Reisen umändern oder wenn die von einen Veranstalter angebotenen Reisen nicht voll den Wünschen der Kunden entsprechen und durch Leistungen anderer Veranstalter ergänzt werden müssen.

B kann das Problem auf zweierlei Weise lösen:
– Er tritt gegenüber dem Kunden hinsichtlich der Leistung des A als **Vermittler** auf und hinsichtlich der restlichen Reisebestandteile als Eigenveranstalter im Sinne des § 25 UStG oder als Vermittler anderer Unternehmer
– Er läßt die **Rechnung** des A **berichtigen**, damit er die Leistungen des A als Reisevorleistungen behandeln kann. Damit liegt bei A der Fall des oben angesprochenen Problemes 1 vor.

Beide Problemstellungen sind für sich gesehen lösbar, schwierig daran ist allerdings, daß die Reisebürobranche **Massenabfertigungen** zu bewältigen hat und daß die Gewinnmargen sehr knapp kalkuliert werden. Daher führen derartige sehr häufig vorkommende Grenzfälle, wenn sie von den Beteiligten erst einmal erkannt und demzufolge richtig behandelt werden, zu erheblichen Mehrarbeiten und ggfs. zu Verlusten, mit denen nicht kalkuliert wurde.

Gerechter ist die Umsatzbesteuerung der Reisebüros vielleicht geworden, einfacher aber bestimmt nicht!

Beispiel 5 (Incentive-Reisen)

Die Firma X kauft bei einem Reiseunternehmer eine Kreuzfahrt ab Hafen Genua. Der Reisepreis umfaßt auch die Anreise mit dem Bus und eine Hotelübernachtung in Genua. Die Reise dient als Belohnung für besondere Arbeitsleistungen eines Arbeitnehmers der Firma X.

Die Besteuerung der einzelnen Reiseleistungen erfolgt beim Reiseunternehmer entsprechend der Beurteilung in Absatz 3 unter b) bis d). Die Leistung der Firma X unterliegt der Besteuerung nach § 25 UStG. Zur Bemessungsgrundlage siehe Abschnitt III Abs. 5.

Ergänzung: Die in der Praxis am häufigsten auftretenden drei Variationen des Beispieles 5 werden nachfolgend nach umsatzsteuerrechtlichen und buchhalterischen Grundsätzen untersucht.

Zur besseren Verdeutlichung wurden folgende Zahlen zugrunde gelegt:

Reisepreis für die Kreuzfahrt		DM 2500,–
davon Anreise mit dem Bus	DM 200,–	
Hotel in Genua	DM 100,–	
Schiffcharter	DM 2200,–	
Reisetermin September 1980		

Variante 1:

Das Reisebüro hat die Kontingente für diese Reise (für DM 2200,–) eingekauft und verkauft sie nun im eigenen Namen an X weiter. Dem Reisebüro ist bekannt, daß die Reise von einem Unternehmen zur Verwendung in seinem Unternehmen erworben wird. Daher keine Anwendung von § 25 UStG, sondern Besteuerung nach allgemeinen Grundsätzen.

a) Rechnung (Nr. 998):[1]

Reisearrangement für Ihren Mitarbeiter, Herrn X, Kreuzfahrt Genua–Genua mit 1 Übernachtung und Busan- und -rückreise – pauschal

DM 2500,–

b) Umsatz und Umsatzsteuer:

	Gesamt DM	steuer- pflichtig DM	nicht steuerbar DM
Anreise mit dem Bus § 3a Abs. 2 Nr. 2	200,–		
inländischer Streckenanteil – angenommen 50%		100,–	
ausländischer Streckenanteil – angenommen 50%			100,–
Hotel in Genua § 3a Abs. 2 Nr. 1a nicht steuerbar	100,–		100,–
Schiff § 3a Abs. 2 Nr. 2 für Beförderung § 3 Abs. 6 für Verpflegung – nicht steuerbar –	2200,–		2200,–
	2500,–	100,–	2400,–

---

[1] Im OPOS-Bereich wird nach Rechnungsnummern sortiert. Daher sind alle Beispiele mit Rechnungs-Nummern versehen.

4 Hässel, USt

c) Buchhalterische Abwicklung:

I. Eingangsrechnung

	8. . . . Lieferanten- konten	Hotel Bus
4. . . Kosten Kreuzf. ab Genua		Reeder (OP)
2)#. . . 2200, –		2)#. . . 2200, –

II. Rechnung an Kunden X

10001 Debitor X (OP)	8109 Eigenleist. Sept. 13%[2]
1)#998 2500, –	1)#998 100, –
	8209 Eigenleist. Sept. n. stb.[2]
	1)#998 2400, –

Variante 2:

Das Reisebüro vermittelt die Schiffsreise als Agent im Namen und für
Rechnung der Reederei, auch die übrigen Leistungen werden vermittelt.

a) Rechnung (Nr. 997)[1]

Wir vermittelten folgende Leistungen für Ihren Mitarbeiter, Herrn X
(1) Busan- und -rückreise München–Genua–München
     im Namen und auf Rechnung Firma Autobus X   200,00

---

[1] Im OPOS-Bereich wird nach Rechnungsnummern sortiert. Daher sind alle Beispiele mit Rechnungs-Nummern versehen.

[2] Im Buchungsmonat September werden die Beträge von den Konten 8109 und
8209 umgebucht auf die Hauptkonten 8100 und 8200. Da diese Konten automatische
Mehrwertsteuerkonten sind, wird die Mehrwertsteuer errechnet und in die Umsatzsteuervoranmeldung September übernommen (vgl. Kapitel V 8b, *aa*). Bei Buchhaltungen, die nicht nach dem System DATEV eingerichtet sind, ist darauf zu achten,
daß aus dem stpfl. Provisionsbetrag von DM 100,– die Umsatzsteuer (DM 11,50)
herauszurechnen und abzuführen ist. Die Abgrenzung Erlöse Eigenleistung zu Men-
generlösen wird unter Kapitel V 5 erläutert, vgl. auch Fußnote 4.

(2) Übernachtung in Genua am . . . .
im Namen und für Rechnung Y – Hotel 100,00
(3) Kreuzfahrt Genua–Genua
im Namen und für Rechnung Z – Reederei 2200,00

2500,00

b) Umsatz und Umsatzsteuer:

	Gesamt DM	Provision steuer- pflichtig DM	Provision steuer- frei DM
Anreise mit dem Bus 10% Provision von DM 200,– = DM 20,– brutto; DM 17,70 netto, DM 2,30 USt. steuerpflichtig nach § 3a Abs. 1 (§ 4 Nr. 5b zieht nicht, da Bus! § 4 Nr. 5c nicht, da nicht ausschließlich im Außengebiet)	17,70	17,70	
Hotel in Genua 10% Provision von DM 100,– steuerfrei § 4 Nr. 5c	10,00		10,00
Schiff 20% Provision von DM 2200,– steuerfrei § 4 Nr. 5c	440,00		440,00
	467,70	17,70	450,00

c) Buchhalterische Abwicklung:

I. Rechnungen der Veranstalter:

30002 Agt.Verr.Reeder	(OP)		80002 Lieferant Reeder	(OP)
1)#997 2200,–	7)#997 2200,–		6)#997 440,–	1)#997 2200,–

30003 Agt.Verr.Hotel	(OP)		80003 Lieferant Hotel	(OP)
2)#997 100,–	7)#997 100,–		5)#997 10,–	2)#997 100,–

4*

30004 Agt. Verr. Bus		(OP)
3)#997 200,–	7)#997 200,–	

80004 Lieferant Bus		(OP)
4)#997 20,–	3)#997 200,–	

8460 Prov.stpfl. 13%	
	4)#997 17,70

8450 Prov.st.-frei 4 Nr. 1–6	
	5)#997 10,–
	6)#997 440,–

1879 MwSt. fällig	
	4)#997 2,30

II. Rechnung an Kunden

10002 Debitor		(OP)
7)#997 2500,–		

Variante 3:

Der Unternehmer befördert die Personen im eigenen Bus nach Genua. Das Hotelzimmer in Genua wurde eingekauft (Reisevorleistung DM 80,–), die Schiffsreise vermittelt. Dem Unternehmer ist nicht bekannt, ob die Leistung für das Unternehmen des X erbracht wurde (Modifikation des Beispiels 5 des Einführungsschreibens zu § 25 UStG).

a) Rechnung (Nr. 996)[1]

Reisearrangement . . .

(1) im eigenen Namen	
Busan- und -rückreise München–Genua–München	200,00
Übernachtung in Genua im X Hotel	100,00
(2) fremde Leistungen	
im Namen und für Rechnung Z Reederei	
Kreuzfahrt Genua–Genua	2200,00
	2500,00

---

[1] Im OPOS-Bereich wird nach Rechnungsnummern sortiert. Daher sind alle Beispiele mit Rechnungs-Nummern versehen.

b) Umsatz und Umsatzsteuer:

	Gesamt DM	steuer- pflichtig DM	steuer- frei DM	nicht steuerbar DM
Anreise mit dem Bus (eigene Leistung) § 3a Abs. 2 Nr. 2	200,00			
inländischer Streckenanteil angenommen 50%		100,00		
ausländischer Streckenanteil angenommen 50%				100,–
Hotel in Genua § 25 Abs. 1 und 3 Margenbesteuerung	100,00	20,–		
Schiff/Vermittlung 20% Provision von DM 2200,00 steuerfrei § 4 Nr. 5c	440,00		440,00	
	740,00	120,–	440,–	100,–

Soweit neben den margenbesteuerten Umsätzen Vermittlungsleistungen und Eigenleistungen erbracht werden, ist der Reisepreis aufzuteilen in Leistungen mit Reisevorleistungen nach § 25 UStG sowie in Eigenleistungen und Vermittlungsleistungen, die nach den allgemeinen umsatzsteuerlichen Vorschriften zu besteuern sind (vgl. Ziff. I Abs. 5 des Einführungsschreibens zu § 25 UStG). Die Behandlung nach § 25 UStG ist möglich, da dem Reiseunternehmer nicht bekannt ist, ob der Empfänger die Reise für sein Unternehmen verwendet (vgl. Ziff. I Abs. 4 des Einführungsschreibens zu § 25 UStG).

c) Buchhalterische Abwicklung:

I. Rechnungen der Veranstalter

(und Umbuchung Kosten Bus)

3000 Reisevorl. E. G.		80003 Lieferant Hotel (OP)
1)#. . . 80,–		1)#. . . 80,–

3100 Kosten Eig.-L. stpfl.		5999 Umbuchung Kost. f. Eigenl.[3]
Umb. 80,–		Umb. 160,–

---

[3] Die Umbuchung der Kosten für Eigenleistungen erfolgt zu Selbstkosten, die ggfs. zu schätzen sind (vgl. Kapitel V 5).

3110 Kosten Eig.-L. nicht stb.		8. . . . Lieferant Reeder (OP)	
Umb. 80, –		3)#996 440, –	3)#996 2200, –

II. Rechnung an Kunden

10005 Debitor (OP)		30002 Agent.Verr.Reeder (OP)	
2)#996 2500, –		3)#996 2200, –	2)#996 2200, –

7109 Marge 5% Sept.[4]		8450 Prov. Erlöse steuerfr.	
	2)#996 300, –		3)#996 440, –

Beispiel 6

a) Ein Reisebüro vermittelt Pauschalreisen oder andere Reiseleistungen eines Reiseunternehmers.
b) Ein Reisebüro vermietet in eigenem Namen ein fremdes Ferienhaus. Die Anreise erfolgt für den einzelnen Reisenden im Regelzug der Bundesbahn. Diese Beförderungsleistung wird durch das Reisebüro nur vermittelt.

Ergänzung:

a) vgl. Ergänzung zu Beispiel 5, Varianten 2 und 3
b) ergänzender Sachverhalt:

Reisepreis: Ferienhaus 1 Woche Inland	DM 200, –
Bundesbahn Anreise Inland	DM 100, –
Gesamtpreis	DM 300, –

Reisetermin: Oktober 1980
Anmietkosten des Ferienhauses DM 150, –

---

[4] Die Aufteilung von steuerpflichtigen und steuerfreien Margenanteilen ergibt sich aus dem Verhältnis der steuerpflichtigen und der steuerfreien Reisevorleistungen und der Eigenleistungen zueinander (vgl. Beispiel 14 des Einführungsschreibens zu § 25 UStG). Die Aufteilung erfolgt bei dem vorgeschlagenen System der Konten und der betriebswirtschaftlichen Auswertung automatisch, sodaß bei der Verbuchung keine Trennung der margenbesteuerten Umsätze nötig ist (vgl. Kapitel V 7a–d). Obwohl im Beispielsfall nur ein steuerpflichtiger Umsatz von DM 120, – vorliegt (DM 100, – stpfl. Eigenleistung und DM 20, – stpfl. Marge), wird der Gesamtbetrag des Umsatzes aus gemischter Reiseleistung in Höhe von DM 300, – (DM 100, – stpfl. Eigenleistung, DM 100, – nicht steuerbare Eigenleistung und DM 100, – Rechnungsausgangsbetrag aus margenbesteuertem Umsatz) gebucht, die Aufteilung erfolgt, wie erwähnt, automatisch.

a) Rechnung (Nr. 995)[1]

Reisearrangement
1 Woche Ferienhaus Villa Paradies
in . . .   200,–
Anreise Deutsche Bundesbahn   100,–
                                                                                   300,–

b) Umsatz und Umsatzsteuer:

	Umsatz DM	steuer- pflichtig DM	steuer- frei DM	Rech- nungs- betrag
Ferienhaus steuerpflichtig § 25 Abs. 1	20,–	20,–	0,–	200,–
Bundesbahn Provision 10% § 3a Abs. 1 u. § 3 Abs. 9 UStG	10,–	10,–	0,–	100,–
	30,–	30,–	0,–	300,–

c) Buchhalterische Abwicklung:

I. Rechnung des Ferienhausbesitzers

3000 Reisevorl. EG		80004 Liefer. Villa Parad. (OP)	
1)#. . . 150,–			1)#. . . 150,–

II. Rechnung Bundesbahn

30006 Agent.Verr.Bundesb. (OP)		8460 Provision steuerpf. 13%	
3)#995 100,–	2)#995 100,–		3)#995 8,85

80006 Lieferant Bundesb. (OP)		1879 Mehrwertst. fällig	
3)#995 10,–	100,–		3)#995 1,15

III. Rechnung an Kunden

10006 Debitor (OP)		7110 Marge 5% (Oktober) (OP)[5]	
2)#995 300,–			2)#995 200,–

---

[1] Im OPOS-Bereich wird nach Rechnungsnummern sortiert. Daher sind alle Beispiele mit Rechnungs-Nummern versehen.
[5] Es wird der Gesamtbetrag (DM 200,–) gebucht und nicht die Marge (DM 20,–); vgl. Fußnote 4.

Beispiel 7

Ein Reiseveranstalter führt eine Pauschalreise durch. Er bedient sich für die Beförderung, Unterbringung und Verpflegung anderer Unternehmer. Insoweit sind Reisevorleistungen gegeben.

Ergänzung: Der Reiseveranstalter verkauft eine „große Omnibusreise 1 Woche Kaltern mit 2 Tagen Zwischenaufenthalt in Innsbruck-Zirl-Seefeld" zum Preis von DM 400,− pro Person, insgesamt kalkuliert er mit 50 Personen; erwarteter Gesamtumsatz DM 20000,−. Tatsächlich nehmen nur 40 Personen teil, die bestellten Kapazitäten müssen bezahlt werden.

Der Bus mit Reiseleiter kostet   DM 5000,−

	DM	Anteile:
Anteil Strecke Österreich 40%	2000,−	11,43%
Anteil Strecke EG-Bereich 60%	3000,−	17,14%
Hotelzimmer Österreich	2500,−	14,28%
Hotelzimmer Kaltern	10000,−	57,15%
	17500,−	100,00%

a) Rechnung:

40 Personen, große Omnibusreise ...., a DM 400,−	DM 16000,−
Reisetermin März.	

b) Umsatz und Umsatzsteuer:

	Rechnungsbetrag DM	%	Bruttomarge stpfl.	steuerfr.
Bus, Strecke Österreich st.-frei § 25 Abs. 2 Nr. 1 UStG	1829,−	11,43		1829,−
Bus Strecke EG-Gebiet	2742,−	17,14	2742,−	
Hotel Österreich st.-frei § 25 Abs. 2 Nr. 1 UStG	2285,−	14,28		2285,−
Hotel Kaltern (EG-Bereich)	9144,−	57,15	9144,−	
	16000,−	100,00	11886,−	4114,−

Der Unternehmer muß nur den Anteil am Gesamtumsatz der Margenbesteuerung unterwerfen, der dem Anteil der steuerpflichtigen Reisevorleistungen – gemessen an den gesamten Reisevorleistungen – entspricht. Eine anteilige Kürzung der zu bezahlenden Überkapazitäten kommt nicht in Betracht (vgl. Beispiel 11 Einführungsschreiben zu § 25 UStG).

Der Unternehmer hatte mit 50 Personen gerechnet und mit einer Marge von 12,5% kalkuliert. (50 Personen zu je DM 400,– ergibt DM 20000,–, Reisevorleistungen DM 17500,–, Bruttomarge DM 2500,–, das sind 12,5% von DM 20000,–). Da nur 40 Personen teilgenommen haben, ergibt sich eine „negative Marge", die mit anderen positiven Margen verrechnet werden kann (vgl. III Beispiel 11 Einführungsschreiben zu § 25 UStG; zur Problematik der Verrechnung von negativen Margen mit anderen Erlösen vgl. oben Kapitel IV 4).

c) Buchhalterische Abwicklung:

I. Eingangsrechnungen

3000 Reisevorleistungen EG		80005 Lief. Hotel Kaltern (OP)	
1)#010 10000,–			1)#010 10000,–
3)#012 3000,–			

3010 Reisevorleist. Nicht EG		80006 Lief. Hotel Österr. (OP)	
2)#011 2500,–			2)#011 2500,–
3)#012 2000,–			

	80007 Lieferant Busuntern. (OP)	
		3)#012 5000,–

II. Ausgangsrechnung

1. ... Debitoren (OP)		7003 Marge 10% (März)	
4)#. . . 16000,–			4)#. . . 16000,–

Obwohl alle Ausgangsrechnungen zunächst auf dem Konto 7003 (Reisemonat März, Marge 10%) gebucht waren, wird über die laufende Kontrolle der Konten und der betriebswirtschaftlichen Auswertung die zuviel versteuerte Marge – tatsächlich ist eine negative Marge von DM 1500,– zu verzeichnen – dargestellt. Die automatischen Umbuchungsanweisungen ermöglichen eine Anpassung.

Beispiel 8

Im Rahmen einer Pauschalreise befördert der Unternehmer die Reisenden im eigenen Bus. Unterbringung und Verpflegung erfolgen in einem fremden Hotel.

In diesem Falle unterliegt die Beförderungsleistung der Besteuerung nach den allgemeinen Vorschriften, die Unterbringungs- und Verpflegungsleistung unterliegt der Besteuerung nach § 25 Abs. 3 UStG.

Vergleiche Beispiel 5 Variante 3.

Beispiel 9

Ein Reiseveranstalter führt eine Flugpauschalreise nach Spanien aus. Als Reisevorleistungen sind dieser Reise zuzurechnen:
a) der grenzüberschreitende Flug durch den Luftfahrtunternehmer und
b) die Unterkunft und Verpflegung durch das Hotel in Spanien.

Ergänzung:

Variante 1:

Es handelt sich um einen Charterflug, der als Reisevorleistung von dem Unternehmer eingekauft wurde. Der Reisepreis beträgt DM 1200,–, die Reisevorleistungen DM 350,– für den Flug und DM 750,– für das Hotel einschl. Transfers (Anteil Flug 31,82% und Hotel 68,18%).

a) Rechnung:

Flugpauschalreise 1 Woche Spanien im . . . . .-Hotel einschl.
Hin- und Rückflug ab Frankfurt, Transfers, Hotelaufenthalt
Zimmer mit Bad, Halbpension   DM 1200,–

b) Umsatz und Umsatzsteuer:	Rechnungsbetrag DM	%	Bruttomarge steuerfrei
Umsatzanteil Flug st.-frei § 25 Abs. 2 Nr. 2 UStG	381,84	31,82	381,84
Umsatzanteil Hotel st.-frei § 25 Abs. 2 Nr. 1 UStG	818,16	68,18	818,16
	1200,–	100,–	1200,–

Obwohl der gesamte Umsatz zu einer steuerfreien Marge führt, ist die Zusammensetzung der steuerfreien Margenanteile bzw. der Reisevorleistungen nach Gruppen zu ermitteln (vgl. Ziff. III Abs. 4 des Einführungsschreibens zu § 25 UStG). Wie die nachfolgende Darstellung ergibt, sind die Reisevorleistungen getrennt erfaßt. Über die pauschale Umrechnung des Margenerlöses ergibt sich automatisch die obige prozentuale Aufteilung. Zu der Frage, ob eine Aufteilung der Reisevorleistungen in Flug und andere Leistungen nach dem IATA-Vertrag überhaupt zulässig ist, vgl. Kapitel IV 3f.

c) Buchhalterische Abwicklung:

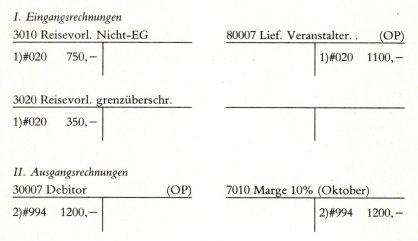

I. Eingangsrechnungen

3010 Reisevorl. Nicht-EG		80007 Lief. Veranstalter. . (OP)	
1)#020 750, −			1)#020 1100, −

3020 Reisevorl. grenzüberschr.			
1)#020 350, −			

II. Ausgangsrechnungen

30007 Debitor (OP)		7010 Marge 10% (Oktober)	
2)#994 1200, −			2)#994 1200, −

Obwohl sich aus dieser Reise keine steuerpflichtige Marge ergibt, kann die Verbuchung über das Konto 7010 erfolgen. Aus diesem Konto wird über die Automatik des Faktor's 2 (vgl. Kapitel V 7c und d) eine steuerpflichtige Marge vorläufig herausgerechnet. Die Korrektur dieser unrichtigen Versteuerung erfolgt über die automatische Kontrolle durch die Gegenüberstellung der Reisevorleistungen stpfl./nicht stpfl. und der Eigenleistungen steuerbar/nichtsteuerbar.

Dieses Beispiel wurde zur Verdeutlichung so gewählt, für die Praxis empfiehlt es sich natürlich, für derartige Geschäfte ein Konto ,,Marge 0%" einzurichten, sofern sie häufig vorkommen.

Variante 2:

Sachverhalt wie Variante 1, jedoch wird dem Kunden zusätzlich ein Flugticket für die Anreise nach Frankfurt verkauft zum Preis von DM 350, −. Der Unternehmer ist offizieller IATA-Agent, die Provision beträgt 10% zzgl. Umsatzsteuer.

a) Rechnung (Nr. 083)[1]:

Flugpauschalreise 1 Woche Spanien im ......Hotel einschl. Hin- und Rückflug ab Frankfurt, Transfers, Hotelaufenthalt Zimmer mit Bad, Halbpension	DM 1200,–
Anschlußflug nach und von Frankfurt im Namen und für Rechnung der Lufthansa	DM 350,–
	DM 1550,–

b) Umsatz und Umsatzsteuer:

	Rechnungsbetrag DM	%	Bruttomarge steuerfrei	Umsatz steuerpflichtig
Umsatzanteil Flug wie Variante 1	381,84	31,82	381,84	
Umsatzanteil Hotel wie Variante 1	818,16	68,18	818,16	
Anschlußflug, Provision stpfl. § 3 Abs. 9 und § 3a Abs. 1 UStG	350,–			35,–
	1550,–	100,–	1200,–	35,–

c) Buchhalterische Abwicklung:

I. Eingangsrechnungen

3010 Reisevorl. Nicht-EG	80007 Lief. Veranstalter. . (OP)
1)#020 750,–	1)#020 1100,–

3020 Reisevorl. grenzüberschr.	8. . . . Lieferant Lufthansa
1)#020 350,–	2)#83 35,– | 2)#83 350,–

---

[1] Im OPOS-Bereich wird nach Rechnungsnummern sortiert. Daher sind alle Beispiele mit Rechnungs-Nummern versehen.

3. . . . Agenturverr. Lufthansa (OP)		8460 Provisionen Inland stpfl. 13%
2)#83 350, –	3)#83 350, –	2)#83 30,97

1879 Mehrwertsteuer fällig

2)#83   4,03

II. Ausgangsrechnungen

30007 Debitor (OP)	7010 Marge 10% (Oktober)
3)#83 1550, –	3)#83 1200, –

Beispiel 10

Ein Reiseveranstalter mit Sitz oder Betriebstätte im Erhebungsgebiet führt eine Bahnpauschalreise im Erhebungsgebiet aus. Der Preis beträgt 440 DM. Es nehmen 40 Personen teil. Der Reiseveranstalter hat für Reisevorleistungen aufzuwenden:

a) an die Bundesbahn für die Fahrt
(einschließlich Umsatzsteuer)   3200, – DM
b) an Hotel für Unterkunft
(einschließlich Umsatzsteuer)   12000, – DM

Die Marge für die Leistung des Reiseveranstalters ermittelt sich wie folgt:

Reisepreis (Aufwendungen der Reiseteilnehmer)		17600, – DM
./. Reisevorleistungen		
a) Fahrt	3200, – DM	
b) Unterkunft	12000, – DM	15200, – DM
		2400, – DM
./. darin enthaltene Umsatzsteuer (11,5 v. H.)		276, – DM
Marge = Bemessungsgrundlage		2124, – DM

Ergänzung: Es erscheint zweifelhaft, ob die Kosten der Bundesbahn als Reisevorleistungen zu behandeln sind. Häufig dürfte der Sachverhalt so liegen, daß die Bundesbahn durch Vermittlung des Veranstalters tätig wird. In diesen Fällen ist der Vermittlungsumsatz auszuscheiden (Ziff. I Abs. 5 Einführungsschreiben zu § 25 UStG).

a) Rechnung:

Zwei Arten von Rechnungen sind denkbar:

Alternative 1:

Bei Vorliegen einer einheitlichen Leistung eine Gesamtrechnung:

40 Personen Bahnpauschalreise a DM 440, –   DM 17600, –

Alternative 2:

Bei Vermittlung der Bahnreise

40 Personen Bahnpauschalreise a DM 440, –   DM 17 600, –

Davon Eigenleistung   DM 14 400, –
Fremdleistung, Bahnreise, berechnet
im Namen und für Rechnung der DB   DM   3 200, –

Der Hinweis auf die Fremdleistung ist erforderlich. Sofern der Unterneh-
mer diesen Hinweis unterläßt, läuft er Gefahr, hinsichtlich der vermittelten
Leistung wie ein Eigenunternehmer angesehen zu werden (vgl. Beispiel 4,
Ergänzung Problem 2 und Kapitel IV 7).

b) Umsatz und Umsatzsteuer:

Alternative 1: Der Gesamtumsatz unterliegt der Margenbesteuerung nach
§ 25 Abs. 1 UStG. Da sämtliche Reisevorleistungen im Bereich der Europäischen Gemeinschaft erbracht werden, entfallen Steuerbefreiungen nach § 25
Abs. 2 UStG.

Alternative 2: Die Eigenleistung unterliegt der Umsatzsteuer aus § 25 Abs. 1,
die Provision der Bundesbahn unterliegt der Umsatzsteuer nach § 3 Abs. 9 in
Verb. mit § 3a Abs. 1 UStG.

c) Buchhalterische Abwicklung

Alternative 1:

I. Eingangsrechnung

3000 Reisevorl. EG		80008 Lieferant Bundesbahn (OP)	
1)#021 3 200, –			1)#021 3 200, –
2)#022 12 000, –			

		80009 Lieferant Hotel (OP)	
			2)#22 12 000, –

II. Ausgangsrechnungen

3. . . . Debitoren (OP)		7005 Marge 10% (Mai)	
3)#994 17 600, –			2)#994 17 600, –

Alternative 2: vgl. Beispiel 6 b

Beispiel 11

Der Reiseunternehmer, der einem Hotel die Abnahme einer bestimmten Zahl von Zimmern oder auch aller Zimmer garantiert hat, muß das dafür vertraglich vereinbarte Entgelt auch dann in voller Höhe entrichten, wenn er die gebuchten Zimmer nicht alle oder nicht für den vereinbarten Abnahmezeitraum belegen kann.

Vergleiche Beispiel 7 und die Ergänzung hierzu.

Beispiel 12

Ein Reiseveranstalter mit Sitz oder Betriebstätte im Erhebungsgebiet führt eine Omnibuspauschalreise im Erhebungsgebiet aus. Der Preis beträgt 600 DM. Es nehmen 50 Personen teil. Dem Unternehmer entstehen folgende Aufwendungen

	DM	v. H.
1. Eigenleistungen		
a) Beförderung mit eigenem Bus	4000,–	
b) Betreuung am Zielort durch angestellte Reiseleiter[6]	1000,–	
insgesamt	5000,–	20
2. Reisevorleistungen Dritter Unterkunft und Verpflegung	20000,–	80
	25000,–	100

Die Marge errechnet sich wie folgt:

Reisepreis (Aufwendungen der Reiseteilnehmer)	30000,– DM
./. 20 v. H. für Eigenleistungen	6000,– DM
	24000,– DM
./. Reisevorleistungen	20000,– DM
	4000,– DM
./. darin enthaltene Umsatzsteuer (11,5 v. H.)	460,– DM
Marge = Bemessungsgrundlage	3540,– DM

Der Unternehmer hat mit 13 v. H. zu versteuern:

a) seine Eigenleistung (6000 DM ./. darin enthaltene Umsatzsteuer in Höhe von 11,5 v. H.)	5310,– DM
b) die Marge	3540,– DM
	8850,– DM

Ergänzung:

a) Rechnung:

50 Personen Omnibuspauschalreise a DM 600,–	DM 30000,–

---

[6] Die Betreuung des Reisenden außerhalb des Erhebungsgebietes stellt eine sonstige Leistung (§ 3 Abs. 9 UStG) dar, die grundsätzlich an dem Ort ausgeführt wird, von dem aus der Unternehmen sein Unternehmen betreibt (§ 3a Abs. 1 Satz 1 UStG). Die von angestellten Reiseleitern im Außengebiet erbrachten Leistungen sind nach § 3a Abs. 2 Nr. 3a UStG nicht steuerbar. Eine andere Auslegung (vgl. Ziff. I Abs. 9a Einführungsschreiben zu § 25 UStG) widerspricht der Abgrenzung Erhebungsgebiet/ Außengebiet, die im Umsatzsteuerrecht bekannt ist und in der Neufassung des UStG 1980 (§§ 3a, 4, Nr. 1–6) bestätigt wurde.

b) Umsatz und Umsatzsteuer
Die Einzelheiten ergeben sich aus dem Beispiel.

c) Buchhalterische Abwicklung:

I. Eingangsrechnungen

3100 Eigenleistungen stpfl.	5999 Umbuchg., Kost. f. Eigenl.[3]
Umb. 1 4000,–	Umb. 1 4000,–
Umb. 2 1000,–	Umb. 2 1000,–

3000 Reisevorl. EG	8. . . . Lieferanten (OP)
1)#023 20000,–	1)#023 20000,–

II. Ausgangsrechnungen

3. . . . Debitoren (OP)	7004 Marge 10% (April)
2)#993 30000,–	2)#993 30000,–

Beispiel 13

Ein Reiseveranstalter mit Sitz oder Betriebstätte im Erhebungsgebiet führt eine Flugpauschalreise nach Italien aus. Der Preis beträgt 1100 DM. Es nehmen 80 Personen teil. Der Veranstalter hat an Reisevorleistungen aufzuwenden:

a) Flugkosten	20000,– DM
b) Kosten für Unterkunft und Verpflegung im Hotel (einschl. ital. Umsatzsteuer)	60000,– DM
insgesamt	80000,– DM

Die Marge errechnet sich wie folgt:

Reisepreis (Aufwendungen der Reiseteilnehmer)	88000,– DM
./. Reisevorleistungen	80000,– DM
Gesamtmarge	8000,– DM

davon entfallen

a) auf den Flug (25 v. H. der Reisevorleistungen) – steuerfrei nach § 25 Abs. 2 Nr. 2 UStG –	2000,– DM
b) auf Unterkunft und Verpflegung (75 v. H. der Reisevorleistungen)	6000,– DM
./. darin enthaltene Umsatzsteuer (11,5 v. H.)	690,– DM
– steuerpflichtig –	5310,– DM

Die Bemessungsgrundlage (Marge) für die Flugpauschalreise beträgt danach:

für steuerfreie Umsätze	2000,– DM
für steuerpflichtige Umsätze	5310,– DM

---

[3] Die Umbuchung der Kosten für Eigenleistungen erfolgt zu Selbstkosten, die ggfs. zu schätzen sind (vgl. Kapitel V 5).

Ergänzungen:

a) Rechnung:

80 Personen Flugpauschalreise a DM 1100, –   DM 88000, –

b) Umsatz und Umsatzsteuer:
   Die Einzelheiten ergeben sich aus dem Beispiel.

c) Buchhalterische Abwicklung:

I. Eingangsrechnungen

3020 Reisevorl. Grenzüberschr.	80011 Lieferant Flugges. (OP)
1)#023 20000, –	1)#023 20000, –

3000 Reisevorl. EG	80012 Lief. Hotel Italien (OP)
2)#024 60000, –	2)#024 60000, –

II. Ausgangsrechnungen

3. . . . Debitoren (OP)	7106 Marge 5% (Juni)
3)#992 88000, –	3)#992 88000, –

Beispiel 14

Der Unternehmer hat im Kalenderjahr Reiseleistungen in Höhe von insgesamt 2700000 DM bewirkt. An touristischen Direktaufwendungen sind ihm entstanden:

	DM	v. H.
Eigenleistungen		
Beförderungen mit eigenen Bussen (davon 40 v. H. Strecke im Erhebungsgebiet = steuerpflichtig)	500000	20
Reisevorleistungen		
1. grenzüberschreitende Beförderung mit Luftfahrzeugen	500000	20
2. Unterkunft und Verpflegung in EG-Mitgliedstaaten	1000000	40
3. Unterkunft und Verpflegung in Drittländern	500000	20
	2500000	100

Die Marge errechnet sich wie folgt:

Einnahmen aus Reiseleistungen	2700000 DM
∕. 20 v. H. Eigenleistungen	540000 DM
	2160000 DM
∕. Reisevorleistungen	2000000 DM
	160000 DM

davon entfallen auf Reisevorleistungen i. S. des § 25 Abs. 2 UStG (Nr. 1 und Nr. 3) = 50 v. H. der gesamten Reisevorleistungen (steuerfrei)   80000 DM

Unterkunft und Verpflegung in EG-Mitgliedstaaten (steuerpflichtig)   80000 DM
∕. darin enthaltene Umsatzsteuer in Höhe von 11,5 v. H.   9200 DM
Marge für steuerpflichtige Reiseleistungen   70800 DM

5 Hässel, USt

Der Unternehmer hat danach mit 13 v. H. zu versteuern:

1. die Marge für Reiseleistungen   70 800 DM
2. seine Beförderungsleistung, soweit sie auf das Erhebungsge-
   biet entfällt (40 v. H. = 216 000 DM ∕ darin enthaltene Umsatzsteuer in Höhe
   von 11,5 v. H.)   191 160 DM
                                                                             —————————
                                                                             261 960 DM

Nach § 25 Abs. 2 UStG sind steuerfrei   80 000 DM
Nicht steuerbar sind die auf das Außengebiet entfallenden Beförderungsleistungen (§ 3a Abs. 2 Nr. 2 UStG)   324 000 DM

Ergänzung: Aus Beispiel 14 ergibt sich, welche Mindestanforderungen an die Buchhaltung eines Unternehmers gestellt werden.

Sofern die Buchhaltung so organisiert ist, daß sich aus ihr zum Jahresende sämtliche mit margenbesteuerten Umsätzen zusammenhängenden Geschäftsvorfälle entsprechend den Anforderungen des Beispiels 14 zweifelsfrei ergeben, ist den Bestimmungen des § 25 Abs. 5 UStG (zusätzliche Aufzeichnungspflichten für Reisebüros) hinreichend entsprochen.

Dies wird durch die Verbuchung der Geschäftsvorfälle in der vorgeschlagenen Form ermöglicht.

Voraussetzung ist allerdings, daß die vorstehend erläuterten, erheblichen Zusatzarbeiten bei der Aufbereitung und Verbuchung der Belege ebenso erfüllt werden, wie die rechtlichen Grundlagen jedes einzelnen Geschäftes exakt festzustellen sind.

VII. Betriebswirtschaftliche Auswertung als Grundlage zur Kontrolle der geschätzten Marge

1. DATEV-System

Die Konten des anliegend beigefügten Kontenplanes sind in durch eine spezielle Schlüsselung im Rahmen der DATEV – Buchhaltung so aufbereitet, daß die jeweiligen Buchführungswerte im Rahmen einer eigenen betriebswirtschaftlichen Auswertung zusammengefaßt und entsprechend des Vorgaben des Beispiels 14 des Einführungsschreibens zu § 25 UStG abgerechnet werden.

Die im Rahmen des DATEV-Systems entwickelten Berechnungen ermöglichen eine automatische Kontrolle der steuerfreien und steuerpflichtigen sowie nicht steuerbaren Anteile an den Margenumsätzen bzw. den im Rahmen von gemischten Reiseleistungen verrechneten Eigenleistungen.

Diese Auswertung wird zusätzlich zu der allgemein bekannten betriebswirtschaftlichen Auswertung erstellt. Die echten Umsatzzahlen – also die in der Klasse 8 gebuchten Erlöse werden in der Standard betriebswirtschaftlichen Auswertung nach allgemein geläufigen Grundsätzen erfaßt, die Ausgangsrechnungen der Klasse 7 stellen vorläufige Werte dar, die zur Ermittlung der Margen benötigt werden. Soweit diese Zahlen zur Berechnung eines vorläufigen Ergebnisses im Rahmen der allgemeinen betriebswirtschaftlichen Auswertung von Bedeutung sind, werden sie dort berücksichtigt.

2. Verwertung der Erkenntnisse des Beispiels 14 für die Buchhaltung

a) Buchhaltung während eines Geschäftsjahres

Das Beispiel 14 geht von Buchhaltungszahlen eines Kalenderjahres aus, wobei unterstellt wird, daß die im Beispiel verwendeten Zahlen aus der Buchhaltung des Unternehmens entnommen werden können.

Dieser Überlegung folgend, werden Kontenvorschläge unterbreitet, die neben den gebräuchlichen Konten eingerichtet werden und daher auch für die spezielle betriebswirtschaftliche Auswertung abgefragt werden können.

Auch ohne Anwendung des DATEV Systems können die nachfolgenden Erläuterungen Berücksichtigung finden, so daß grundsätzlich keine Unterschiede bestehen. Allerdings werden beim DATEV System die nachfolgend dargestellten Rechenoperationen automatisch vorgenommen; bei einem anderen Buchführungssystem müssen sie durch die Buchhaltungskräfte erledigt werden.

b) Stand der Konten zum Ende eines Kalenderjahres

Sofern entsprechend den obigen Buchführungsvorschlägen (vgl. VI mit Erläuterungen zu den einzelnen Beispielen) gebucht wurde, würden die Buchführungsendwerte, wie sie sich aus Beispiel 14 ergeben, mit folgenden Beträgen auf folgenden Konten stehen:

aa) Eingangsrechnungen – Kostenumbuchungen

3100 Eigenl. lfd. Jahr stpfl.		5999 Umb. Kosten Eigenl.	
1) 200 000, –			1) 500 000, –

3110 Eigenl. lfd. Jahr nstb.	
1) 300 000, –	

3000 Reisevorl. lfd. Jahr EG		8. . . . Div. Lieferanten	
2) 1 000 000, –			2) 2 000 000, –

3010 Reisevorl. lfd. JahrNichtEG	
2) 500 000, –	

3020 Reisevorl. lfd. Jahr grenzüb.	
2) 500 000, –	

3030 Reisevorl. lfd. Jahr Außeng.	
	Keine Buchung, da im Beispiel 14 nicht vorgesehen.

bb) Ausgangsrechnungen – Umbuchung Faktor 2

7000 Marge 10% lfd. Jahr		7999 Autom. Gegenk. Faktor 2	
	3) 2 700 000, –	3) 270 000, –	

Diverse Debitoren	8000 Marge vers. 13%
3) 2700000,–	3) 238938, –

1879 Mehrwertstr. fällig

3) 31062, –

cc) *Die Schlüsselung der zusätzlichen betriebswirtschaftlichen Auswertung*[1]
ergibt sich aus nachfolgender Darstellung, wobei die Darstellungsform der
DATEV verwendet wurde. Es ist allerdings möglich, das Formblatt für jede
andere Art der Buchhaltung unmittelbar zu verwenden, um zu dem vorgesehenen Ergebnis zu kommen.

[1] Das Formblatt und die Berechnungen wurden entwickelt von Dipl. Kfm. Jürgen
Ewald vom Bereich Betriebswirtschaft der DATEV.

Darstellung der laufenden Margenüberwachung

dd) Betriebswirtschaftliche Auswertung zur Margenberechnung

Zeile	Konten	Bezeichnung	DM	%	%	Bemerkung
100						
101						
102						
103						
104		Reisevorleistungen				
105	3000–3009	Reisevorl. stpfl.	1000000,–	50,00		
106	3010–3039	Reisevorl. stfrei	1000000,–	50,00		
107		Summe Reisevorl.	2000000,–	100,00	80,00	
108						
109		Eigenleistungen				
110	3100–3109	Eigenl. stpfl.	200000,–	40,00		
111	3110–3119	Eigenl. nstb.	300000,–	60,00		
112		Summe Eigenleistung	500000,–	100,00	20,00	
113						
114		Summe Eigenl./Reisevorl.	2500000,–		100,00	
115						
116		Eigenl. % von Zeile 114			20%	%Satz für Berechnung Zeile 120
117						

Zeile	Konten	Bezeichnung	DM	%	%	Bemerkung
118	7000–	Ein. aus gem. Reisel.	2700000,–			
118	7100	Ein. aus gem. Reisel.	0,–			
119						
120		Anteilig. Eigenl.	540000,–			20% v. Zeile 118
121						
122		Ergebnis ohne Eigenl.	2160000,–			Zeile 118 ./. Zeile 120
123						
124		./. Reisevorleist.	2000000,–			Ergebnis aus Zeile 107
125						
126		Grundlage für Marge	160000,–			Zeile 122 ./. Zeile 124
127						
128		RVL stpfl. % v. RVL		50%		% Satz aus Zeile 105
129						
130		Stpfpl. Bruttomarge	80000,–	50%		% Zeile 128 × Zeile 126
131						
132	7999	Pauschl. Marge Fakt. 2	270000,–			Kontenabfrage
133	7998	Marge Korrektur 13%	0,–			Kontenabfrage
134						
135		zu viel –/zu wenig +				
136		an Marge versteuert	190000,–			Vergleich Zeilen 130/132/133
137						
138		Steuerfreie Marge	80000,–			Zeile 126 ./. Zeile 130
139	7997	Strf. Marge Korr.	0,–			Kontenabfrage

Zeile	Konten	Bezeichnung	DM	%	%	Bemerkung
140						
141		Strf. Marge zu buchen	80000,–			Vergleich Zeilen 138/139
142						
143		Eigenl. stpfl. % Su. Eigenl.		40,00		Ergebnis Zeile 110
144						
145		Stpfl. Eigenl. brutto	216000,–			Zeile 143 × Zeile 120
146	7996	Stpfl. Eigenl. Korr.	0,–			Kontenabfrage
147						
148		Stpfl. Egl. zu buchen	216000,–			Vergleich Zeilen 145/146
149						
150						
151						
152						
153		Nstb. Eigenl.	324000,–			Zeile 120 ./. Zeile 145
154	7995	Nstb. Eigenl. Korr.	0,–			Kontenabfrage
155						
156		Nstb. Eigenl. zu buchen	324000,–			Vergleich Zeilen 153/154
157						
158		Summe stpfl. brutto	80000,–			Zeile 130
158		Summe stpfl. brutto	216000,–			Zeile 145
159						
160		Rechn. Faktor stpfl.	10,96%			Prozentsatz Zeile 158 aus Zeile 118

ee) Erläuterungen zur betriebswirtschaftlichen Auswertung zur Margenberechnung

Zeile 105

Es werden die Summen der Konten 3000–3009 Reisevorleistungen lfd. Jahr EG-Gebiet erfaßt. Hieraus berechnet sich die steuerpflichtige Marge nach § 25 Abs. 1 UStG.

Zeile 106

Es werden die Summen der Konten 3010–3039 Reisevorleistungen steuerfrei im Sinne des § 25 Abs. 2 UStG erfaßt. Hieraus errechnet sich der steuerbefreite Anteil der Marge.

Zeile 107

Es wird die Summe aus den Zeilen 105 und 106 gebildet. Gleichzeitig ist das prozentuale Verhältnis der Zeilen 105 und 106 zur Zeile 107 zu errechnen.

Zeile 110

Es werden die Summen der Konten 3100–3109 Kosten für Eigenleistungen für steuerpflichtigen Umsatz laufendes Jahr erfaßt. Hieraus wird der steuerpflichtige Anteil für Eigenleistungen aus gemischten Reiseleistungen errechnet.

Zeile 111

Es werden die Summen der Konten 3110–3119 Kosten für Eigenleistungen für nicht stb. Umsatz lfd. Jahr erfaßt. Hieraus wird der nicht steuerbare Anteil für Eigenleistungen aus gemischten Reiseleistungen errechnet.

Zeile 112

Es wird die Summe aus den Zeilen 110 und 111 gebildet. Gleichzeitig ist das prozentuale Verhältnis der Zeilen 110 und 111 zur Zeile 112 zu errechnen.

Zeile 114

Es wird die Summe aus den Zeilen 107 und 112 gebildet. Gleichzeitig ist das prozentuale Verhältnis der Zeilen 107 und 112 zu Zeile 114 zu errechnen.

Zeile 116

Der Prozentsatz der Eigenleistungen aus dem Umsatz aus gemischten Reiseleistungen wurde in Zeile 114 errechnet und in Zeile 112 in der Prozentspalte abgestellt. Er wird hier in Zeile 116 nochmals ausgewiesen.

Zeile 118

In Zeile 118 werden die Summe der Konten 7000 und 7100 (Hauptkonten aus margenbesteuerten Umsätzen) zusammengefaßt. Der in dieser Zeile ausgewiesene Betrag stellt den zum Ende einer Buchungsperiode aktuellen Wert der ,,abgereisten" gemischten Reiseleistungen dar. Dieser Wert ist zugleich die Grundlage zur Ermittlung der steuerpflichtigen und nicht steuerpflichtigen Anteile an Margenumsatz und Umsatz aus Eigenleistungen.

Zeile 120

In dieser Zeile wird das prozentuale Ergebnis der Zeilen 116 und 118 ausgewiesen. Aus dem Gesamtbetrag der gemischten Reiseleistungen ist der Anteil, der auf Eigengeschäfte zurückzuführen ist, herauszurechnen. Der Anteil an Eigengeschäften aus den touristischen Direktaufwendungen (Zeile 114, DM 2 500 000,− beträgt 20% oder DM 500 000,− (vgl. Zeile 112). Dieser Anteil von 20% ist aus dem Wert der gemischten Reiseleistungen von DM 2 700 000,− herauszurechnen, 20% von DM 2 700 000,− ergibt DM 540 000,−

Zeile 122

In dieser Zeile wird der Anteil der gemischten Reiseleistungen, der ausschließlich auf Reisevorleistungen beruht, ausgewiesen. Es handelt sich um die Differenz zwischen Zeile 118 und Zeile 120.

Zeile 126

In Zeile 126 wird die Bruttomarge (steuerpflichtig und steuerfrei) ausgewiesen, wobei von Zeile 122 die Reisevorleistungen aus Zeile 107 (124) abgezogen wurden.

Zeile 128

Der Prozentsatz des steuerpflichtigen Anteils an Reisevorleistungen wurde in Zeile 105 in der Prozentspalte bereits abgestellt. Er wird in der Zeile 128 nochmals ausgewiesen.

Zeile 130

In dieser Zeile wird das prozentuale Ergebnis der Zeilen 126 und 128 ausgewiesen. Aus dem Gesamtbetrag der Bruttomarge ist die steuerpflichtige Bruttomarge herauszurechnen. Der Anteil der steuerpflichtigen margenbesteuerten Umsätze beträgt 50% (vgl. Zeile 105).

Zeile 132

Es wurde unterstellt, daß sämtliche während des Kalenderjahres gebuchten gemischten Reiseleistungen auf dem Konto 7000 – Marge 10 – gebucht wurden. Durch die Anwendung des Faktor 2 wurden automatisch 10%, das sind DM 270 000,− als steuerpflichtiger Bruttowert der gemischten Reiseleistungen angesehen. Dieser Betrag wurde automatisch auf dem Konto 7999 abgestellt (oder bei Nichtanwendung des DATEV-Systems individuell umgebucht). Durch Abfrage dieses Kontos wird festgestellt, welcher steuerpflichtige Bruttobetrag vorläufig versteuert wurde.

Zeile 133

Es ist vorgesehen, die vorläufigen steuerpflichtigen Anteile der Bruttomarge laufend zu überwachen und über das Korrekturkonto 7998 zu berichtigen. Dieses Konto muß also abgefragt werden, um feststellen zu können, ob zu viel oder zu wenig versteuert wurde.

Zeile 136

Es wird ausgewiesen, ob zu viel oder zu wenig Marge versteuert wurde. Ein Saldo in Zeile 136 ist umzubuchen – im Beispielsfall

DM 190 000, – Konto 8000 / Konto 7998 (Umb. 1)

Zeile 141

Es wird der Anteil der steuerfreien Marge aus Zeile 126 abzüglich Zeile 130 ermittelt und in Zeile 138 abgestellt. Da auch hier laufende Korrekturbuchungen vorgesehen sind, wird das entsprechende Korrekturkonto 7997 abgefragt und ein eventueller Saldo in Zeile 139 abgestellt. Die Differenz ist umzubuchen, im Beispielsfalle

DM 80 000, – Konto 7997/Konto 8010 (Umb. 2)

Zeile 145

Es wird der Anteil der steuerpflichtigen Eigenleistung brutto aus Zeile 120 mal Faktor Zeile 143 festgestellt und in Zeile 145 abgestellt. Da auch hier laufende Korrekturbuchungen vorgesehen sind, wird das entsprechende Korrekturkonto 7996 abgefragt und ein eventueller Saldo in Zeile 146 abgestellt. Die Differenz ist umzubuchen, im Beispielsfalle

DM 216 000, – Konto 7996/Konto 8100 (Umb. 3)

Zeile 156

Es wird der Anteil der nicht steuerbaren Eigenleistung brutto aus Zeile 120 ./. Zeile 145 abgefragt und in Zeile 153 abgestellt. Da auch hier laufende Korrekturbuchungen vorgesehen sind, wird das entsprechende Korrekturkonto 7995 abgefragt und ein eventueller Saldo in Zeile 154 abgestellt. Die Differenz ist umzubuchen, im Beispielsfalle

DM 324 000, – Konto 7995/Konto 8200 (Umb. 4)

Zeile 158

Es wird die Summe der steuerpflichtigen Anteile aus gemischten Reiseleistungen und stpfl. Eigenleistungen aus den Zeilen 130 und 145 übernommen. Die Summe dieser beiden Werte wird mit Zeile 118 verglichen, sodaß die Konten zu vorläufigen Berechnung der Margen (Prozentsätze für Faktor 2) entsprechend angepaßt werden können (vgl. Zeile 160).

ff) notwendige Umbuchungen

		Soll	Haben
Zeile 136 :	DM 190 000, −	8000	7998
Zeile 141 :	DM 80 000, −	7997	8010
Zeile 148 :	DM 216 000, −	7996	8100
Zeile 156 :	DM 324 000, −	7995	8200

gg) Kontenstände

Nach Durchführung der Umbuchungen 1–4 ergeben sich folgende Kontenstände, die mit dem Ergebnis des Beispiels 14 des Einführungsschreibens zu § 25 UStG übereinstimmen:

7995 Korrekturkto. nstb. Eigenl.

U 4) 324 000, −

7996 Korrekturkonto stpfl. Eigenl.

U 3) 216 000, −

7997 Korrekturkonto stfr. Marge

U 2) 80 000, −

7998 Korrekturkonto stpfl. Marge

U 1) 190 000, −

7999 Automatisches Gegenkto. F 2

Vortr. 270 000,−

7000 Hauptkonto Marge 10%

Vortr. 2 700 000,−

890 000, − | 2 890 000, −

8000 Marge verst. 10%

U 1) 168 138, − | Vortr. 238 938, −
Saldo 70 800, − |

8010 Marge steuerfrei

U 2) 80 000, −

8100 Erlöse Eigeng. stpfl. 13%

U 3) 191 160, −

8200 Erlöse Eigenl. nstb.

U 4) 324 000, −

1879 Mehrwertst. fällig

U 1) 21 862, − | Vortr. 31 062, −
            | U 3) 24 840, −

Der Saldo der Klasse 7 entspricht den Reisevorleistungen. Da insoweit Erlöse nicht angenommen werden, erfolgt keine Umbuchung in Klasse 8.

Dieser Betrag stellt betriebswirtschaftlich Erlös dar und steht in unmittelbarem Verhältnis mit den in Klasse 3 gebuchten Kosten für Reisevorleistungen.

3. *Monatliche Überwachung*

Die vorstehend beschriebene, auf Jahreswerte bezogene Überwachung kann monatlich zum Ende der Erstellung der Buchhaltung vorgenommen werden, sodaß die laufende Margenversteuerung aktualisiert werden kann.

VIII. Anlagen

Anlage 1: Kontenplan

(SKR 01 mit Abwandlungen für Reisebüroanpassung)

a) Klasse 3: Reisevorleistungen

3000–3099	Reisevorleistungen lfd. Jahr[1]

    3000–3009 – Reisevorleistungen lfd. Jahr EG-Gebiet
    § 25 I S. 1 UStG
    3010–3019 – Reisevorleistungen lfd. Jahr Nicht-EG-Gebiet
    § 25 II Nr. 1 UStG
    3020–3029 – Reisevorleistungen grenzüberschreitende Beförderung mit Luftfahrzeugen und Seeschiffen
    § 25 II Nr. 2 UStG
    3030–3039 – Reisevorleistungen Beförderungsleistungen mit Luftfahrzeugen und Seeschiffen lfd. Jahr
    § 25 II Nr. 3 UStG

3100–3199	Kosten für Eigenleistungen lfd. Jahr[2]

    3100–3109 – Kosten für Eigenleistungen für steuerpflichtigen Umsatz im lfd. Jahr
    3110–3119 – Kosten für Eigenleistungen für nicht stb. Umsatz im lfd. Jahr

3200–3299	Reisevorleistungen Folgejahr[1]

    3200–3209 – Reisevorleistungen Folgejahr EG-Gebiet
    § 25 I S. 1 UStG
    3210–3219 – Reisevorleistungen Folgejahr Nicht-EG-Gebiet § 25 II Nr. 1 UStG
    3220–3229 – Reisevorleistungen grenzüberschreitende Beförderung mit Luftfahrzeugen und Seeschiffen Folgejahr
    § 25 II Nr. 2 UStG

---

[1] Trennung erforderlich, vgl. § 72 Abs. 2 Nr. 3 UStDV. Soweit Trennung nicht möglich z. B. wegen JATA Vertrag, der bei Pauschalreisen Trennung in Flug- und Hotelpreis ausdrücklich verbietet, muß Schätzung erfolgen.

[2] Hier nur Kosten für Eigenleistungen buchen, die mit gemischten Reiseleistungen i. S. von § 25 UStG zusammenhängen (sog. touristische Direktaufwendungen – Beispiel 14 Einführungsschreiben zu § 25 UStG). Alle anderen Kosten für Eigenleistungen in Klasse 4 buchen!

3230–3239 – Reisevorleistungen Beförderungsleistungen mit Luftfahrzeugen und Seeschiffen Folgejahr § 25 II Nr. 3 UStG

3300–3399 Kosten für Eigenleistungen Folgejahr[2]

3300–3309 – Kosten für Eigenleistungen für steuerpflichtigen Umsatz im Folgejahr

3310–3319 – Kosten für Eigenleistungen für nicht stb. Umsatz im Folgejahr

b) Klasse 4: Kosten

4760 Provisionen laufendes Jahr
4761 Provisionen Folgejahr

Alle übrigen Konten der Klasse 4 bitte buchen wie bisher.

c) Klasse 5

5999 Umbuchung Kosten für Eigenleistungen (Gegenkonto 3100–3119 oder 3300–3319)

d) Klasse 7: Konten zur Verbuchung der Ausgangsrechnungen bei der Margenbesteuerung

7000–7199 Ausgangsrechnungen lfd. Jahr (Jahreszahl angeben)

7000 – Marge 10%
7000 – Hauptkonto Marge 10% – Faktor 2 –
7001 – Reisemonat Januar
7002 – Reisemonat Februar
7003 – Reisemonat März
7004 – Reisemonat April
7005 – Reisemonat Mai
7006 – Reisemonat Juni
7007 – Reisemonat Juli
7008 – Reisemonat August
7009 – Reisemonat September
7010 – Reisemonat Oktober
7011 – Reisemonat November
7012 – Reisemonat Dezember

7100 – Marge 5%
7100 – Hauptkonto Marge 5% – Faktor 2 –
7101 – Reisemonat Januar

---

[2] Hier nur Kosten für Eigenleistungen buchen, die mit gemischten Reiseleistungen i. S. von § 25 UStG zusammenhängen (sog. touristische Direktaufwendungen – Beispiel 14 Einführungsschreiben zu § 25 UStG). Alle anderen Kosten für Eigenleistungen in Klasse 4 buchen!

7102 – Reisemonat Februar
7103 – Reisemonat März
7104 – Reisemonat April
7105 – Reisemonat Mai
7106 – Reisemonat Juni
7107 – Reisemonat Juli
7108 – Reisemonat August
7109 – Reisemonat September
7110 – Reisemonat Oktober
7111 – Reisemonat November
7112 – Reisemonat Dezember

7200–7399   Ausgangsrechnungen Folgejahr (Jahreszahl angeben)
7200 – Marge 10%
7200 – Hauptkonto Marge 10% – Faktor 2 –
7201 – Reisemonat Januar
7202 – Reisemonat Februar
7203 – Reisemonat März
7204 – Reisemonat April
7205 – Reisemonat Mai
7206 – Reisemonat Juni
7207 – Reisemonat Juli
7208 – Reisemonat August
7209 – Reisemonat September
7210 – Reisemonat Oktober
7211 – Reisemonat November
7212 – Reisemonat Dezember

7300 – Marge 5%
7300 – Hauptkonto Marge 5 Faktor 2 –
7301 – Reisemonat Januar
7302 – Reisemonat Februar
7303 – Reisemonat März
7304 – Reisemonat April
7305 – Reisemonat Mai
7306 – Reisemonat Juni
7307 – Reisemonat Juli
7308 – Reisemonat August
7309 – Reisemonat September
7310 – Reisemonat Oktober
7311 – Reisemonat November
7312 – Reisemonat Dezember

7900	Korrekturkonten
7995	Korrekturkonto nicht steuerbare Eigenleistungen (Gegenkonten 8200 + 8400)
7996	Korrekturkonto steuerpflichtige Eigenleistungen (Gegenkonten 8100 + 8300)
7997	Korrekturkonto steuerfreie Marge (Gegenkonto 8010)
7998	Korrekturkonto steuerpflichtige Marge (Gegenkonto 8000)
7999	Automatisches Gegenkonto Faktor 2 (wird automatisch angesprochen bei Buchungen auf den Konten 7000, 7100, 7200 und 7300)

e) Klasse 8: Erlöse

8000–8099	Erlöse Margen
AM[4] 8000	– Marge versteuert 13% § 25 I UStG
AM 8010	– Marge steuerfrei § 25, Abs. 2, Nr. 1–3 UStG

8100–8112	Erlöse Eigenleistungen lfd. Jahr – 13% USt.[1] (Jahreszahl angeben)
AM 8100	– Hauptkonto Erlöse E. L. 13%
8101	– stpfl. 13% Reisemonat Januar
8102	– stpfl. 13% Reisemonat Februar
8103	– stpfl. 13% Reisemonat März
8104	– stpfl. 13% Reisemonat April
8105	– stpfl. 13% Reisemonat Mai
8106	– stpfl. 13% Reisemonat Juni
8107	– stpfl. 13% Reisemonat Juli
8108	– stpfl. 13% Reisemonat August
8109	– stpfl. 13% Reisemonat September
8110	– stpfl. 13% Reisemonat Oktober
8111	– stpfl. 13% Reisemonat November
8112	– stpfl. 13% Reisemonat Dezember

8200–8212	Erlöse Eigenleistung lfd. Jahr – nicht steuerbar[3] (Jahreszahl angeben)
8200	– Hauptkonto Erlöse E. L. nicht steuerbar
8201	– nicht steuerbar Reisemonat Januar

---

[4] Das bei der DATEV verwendete Kurzzeichen für automatische Mehrwertsteuererrechnung – AM – wird den Konten vorangesetzt, bei denen bei jeder Buchung automatisch Mehrwertsteuer errechnet wird. Bei anderen Buchungssystemen: Soweit vor dem Konto ,,AM" steht, ist Mehrwertsteuer zu rechnen, sonst nicht.

8202 – nicht steuerbar Reisemonat Februar
8203 – nicht steuerbar Reisemonat März
8204 – nicht steuerbar Reisemonat April
8205 – nicht steuerbar Reisemonat Mai
8206 – nicht steuerbar Reisemonat Juni
8207 – nicht steuerbar Reisemonat Juli
8208 – nicht steuerbar Reisemonat August
8209 – nicht steuerbar Reisemonat September
8210 – nicht steuerbar Reisemonat Oktober
8211 – nicht steuerbar Reisemonat November
8212 – nicht steuerbar Reisemonat Dezember

8300–8312   Erlöse Eigenleistung Folgejahr – 13% USt.[1]
(Jahreszahl angeben)
AM 8300 – Hauptkonto Erlöse E. L. 13%
8301 – stpfl. 13% Reisemonat Januar
8302 – stpfl. 13% Reisemonat Februar
8303 – stpfl. 13% Reisemonat März
8304 – stpfl. 13% Reisemonat April
8305 – stpfl. 13% Reisemonat Mai
8306 – stpfl. 13% Reisemonat Juni
8307 – stpfl. 13% Reisemonat Juli
8308 – stpfl. 13% Reisemonat August
8309 – stpfl. 13% Reisemonat September
8310 – stpfl. 13% Reisemonat Oktober
8311 – stpfl. 13% Reisemonat November
8312 – stpfl. 13% Reisemonat Dezember

8400–8412   Erlöse Eigenleistung Folgejahr – nicht steuerbar[3]
(Jahreszahl angeben)
8400 – Hauptkonto Erlöse E. L. nicht steuerbar
8401 – nicht steuerbar Reisemonat Januar
8402 – nicht steuerbar Reisemonat Februar
8403 – nicht steuerbar Reisemonat März
8404 – nicht steuerbar Reisemonat April
8405 – nicht steuerbar Reisemonat Mai
8406 – nicht steuerbar Reisemonat Juni
8407 – nicht steuerbar Reisemonat Juli

---

[3] Die vorgeschlagenen Konten der Klasse 8 – Erlöse Eigenleistungen – sind bestimmt zur Verbuchung von Erlösen aus Eigenleistungen außerhalb des § 25 UStG und zur Verbuchung der steuerpflichtigen Anteile aus gemischten Reiseleistungen (vgl. Kapitel V 8b).

8408 – nicht steuerbar Reisemonat August
8409 – nicht steuerbar Reisemonat September
8410 – nicht steuerbar Reisemonat Oktober
8411 – nicht steuerbar Reisemonat November
8412 – nicht steuerbar Reisemonat Dezember

8450–8459   Erlöse Provisionen mehrwertsteuerfrei § 4 Nr. 1–6
    AM 8450 – Provisionen steuerfrei § 4 Nr. 6 UStG
8460–8469   Erlöse Provisionen steuerpflichtig 13%
    AM 8460 – Provisionen steuerpflichtig 13%

Anlage 2: Einführungsschreiben zu § 25 UStG

BMF-Schreiben vom 3. Juli 1980 (BStBl. I S. 410)
(IV A 2 – S 7419 – 10/80)

Unter Bezugnahme auf das Ergebnis der Erörterung mit den obersten Finanzbehörden der Länder gilt zur Anwendung des § 25 UStG 1980 folgendes:

I. Allgemeines und Anwendungsbereich (§ 25 Abs. 1 UStG)

(1) § 25 UStG findet Anwendung auf Unternehmer, die Reiseleistungen erbringen, soweit sie dabei gegenüber den Leistungsempfängern im eigenen Namen auftreten und Reisevorleistungen in Anspruch nehmen. Die Vorschrift gilt insbesondere für die Veranstalter von Pauschalreisen. Es ist aber nicht erforderlich, daß der Unternehmer ein Bündel von Einzelleistungen erbringt. Eine Reiseleistung i. S. des § 25 Abs. 1 UStG liegt auch vor, wenn der Unternehmer nur eine Leistung erbringt.

Beispiel 1

Ein Reiseunternehmer bietet im eigenen Namen Ferienwohnungen an, bei denen die Anreise und die Verpflegung am Ferienort regelmäßig auf eigene Initiative des Reisenden erfolgt.

§ 25 UStG gilt für alle Unternehmer, die Reiseleistungen erbringen, ohne Rücksicht darauf, ob dies allein Gegenstand des Unternehmens ist.

Beispiel 2

Ein Kaufhauskonzern veranstaltet auch Reisen.

(2) Leistungsempfänger ist der Besteller der Reiseleistung. Der Leistungsempfänger und der Reisende brauchen nicht identisch zu sein.

Beispiel 3

Ein Vater schenkt seiner Tochter eine Pauschalreise.

(3) § 25 UStG findet keine Anwendung, soweit Reiseleistungen eines Unternehmers für das Unternehmen des Leistungsempfängers bestimmt sind. Danach unterliegen insbesondere ,,Kettengeschäfte`` und ,,Incentive-Reisen`` in den jeweiligen Vorstufen nicht der Besteuerung nach § 25 UStG. In diesen Fällen erfolgt die Besteuerung nach den allgemeinen Vorschriften des Gesetzes. Die Beurteilung der Steuerbarkeit, Nicht-Steuerbarkeit und der Steuerfreiheit richtet sich für die erbrachten Leistungen insbesondere nach den folgenden Vorschriften:

a) § 3a Abs. 2 Nr. 2 i. V. m. § 26 Abs. 1* Nr. 1 UStG für Beförderungsleistungen im grenzüberschreitenden Luftverkehr,

b) § 3a Abs. 2 Nr. 2 UStG für andere Beförderungsleistungen,

c) § 3a Abs. 2 Nr. 1 Buchst. a UStG für Beherbergungsleistungen,

d) § 3 Abs. 6 UStG für Verpflegungsleistungen.

Beispiel 4a (Kettengeschäft)

Der Reiseunternehmer B kauft beim Reiseunternehmer A eine komplette Pauschalreise nach Italien ein. Sie schließt ein: Beförderung mit der Eisenbahn, Transfer, Unterkunft und Verpflegung am Zielort. Der Reiseunternehmer B bietet diese Pauschalreise seinerseits im Rahmen seines Reiseprogramms den Reisenden im eigenen Namen an.

In diesem Fall unterliegt nur die Leistung des Reiseunternehmers B an den Reisenden der Besteuerung nach § 25 UStG. Die Umsätze auf der Vorstufe (Reiseunternehmer A an Reiseunternehmer B) unterliegen der Besteuerung nach den allgemeinen Vorschriften des Gesetzes. Daraus folgt:

a) Bei der Beförderung mit der Eisenbahn unterliegt nur die Beförderungsleistung auf dem Streckenanteil, der auf das Erhebungsgebiet entfällt, der Besteuerung (§ 3a Abs. 2 Nr. 2 Satz 2 UStG).

b) Der Transfer ist als Beförderungsleistung im Außengebiet nicht steuerbar (§ 3a Abs. 2 Nr. 2 Satz 1 UStG).

c) Bei der Unterbringung im Hotel handelt es sich um eine sonstige Leistung der in § 4 Nr. 12 UStG bezeichneten Art, die nach § 3a Abs. 2 Nr. 1 Buchst. a UStG nicht steuerbar ist.

d) Die Verpflegungsleistungen sind nicht steuerbar, da der Ort der Lieferung nach § 3 Abs. 6 UStG im Außengebiet liegt.

Beispiel 4b (Kettengeschäft)

Der Reiseunternehmer A kauft bei einer Luftverkehrsgesellschaft Beförderungskapazitäten über Beförderungsleistungen im grenzüberschreitenden Verkehr mit Luftfahrzeugen ein und gibt einen Teil dieser Beförderungskapazitäten an den Reiseunternehmer B weiter, der sie seinerseits im Rahmen seines Reiseprogramms den Reisenden im eigenen Namen anbietet.

---

* Muß richtigerweise Abs. 3 heißen.

In diesem Fall unterliegt nur die Leistung des Reiseunternehmers B an den Reisenden der Besteuerung nach § 25 UStG. Die Umsätze auf den beiden Vorstufen (Luftverkehrsgesellschaft an Reiseunternehmer A und Reiseunternehmer A an Reiseunternehmer B) sind wie folgt zu behandeln: Für die Leistung der Luftverkehrsgesellschaft an den Reiseunternehmer A wird die Umsatzsteuer unter den Voraussetzungen des § 26 Abs. 3 Nr. 1 UStG nicht erhoben. Die Umsatzsteuer für die Leistung des Reiseunternehmers A an den Reiseunternehmer B ist aus Gründen der Gleichbehandlung aller Reiseunternehmer ebenfalls nicht zu erheben, wenn der Reiseunternehmer A für die Leistung an den Reiseunternehmer B keine Rechnung mit gesondertem Ausweis der Steuer erteilt hat. Für den Reiseunternehmer B stellt das an den Reiseunternehmer A für den Einkauf der Beförderungskapazitäten entrichtete Entgelt die Aufwendung für eine Reisevorleistung dar.

Beispiel 5 (Incentive-Reisen)

Die Firma X kauft bei einem Reiseunternehmer eine Kreuzfahrt ab Hafen Genua. Der Reisepreis umfaßt auch die Anreise mit dem Bus und eine Hotelübernachtung in Genua. Die Reise dient als Belohnung für besondere Arbeitsleistungen eines Arbeitnehmers der Firma X.

Die Besteuerung der einzelnen Reiseleistungen erfolgt beim Reiseunternehmer entsprechend der Beurteilung in Absatz 3 unter b) bis d). Die Leistung der Firma X unterliegt der Besteuerung nach § 25 UStG. Zur Bemessungsgrundlage siehe Abschnitt III Abs. 5.

(4) Erklärt der Leistungsempfänger nicht ausdrücklich, daß er die Reise für Zwecke seines Unternehmens erwirbt oder bringt er dies nicht durch das Verlangen des gesonderten Steuerausweises in der Rechnung des Reiseunternehmers zum Ausdruck, kann der Reiseunternehmer grundsätzlich die Besteuerung nach § 25 UStG vornehmen.

(5) § 25 Abs. 1 UStG gilt nicht, soweit der Unternehmer Reiseleistungen entweder ausschließlich vermittelt oder soweit einzelne Reiseleistungen im Rahmen einer Pauschalreise vermittelt werden. Die Besteuerung der Vermittlungsleistungen richtet sich nach den allgemeinen Vorschriften des Gesetzes. Die Steuerbefreiung nach § 4 Nr. 5 UStG ist zu beachten. Der Umsatz wird gemäß § 10 Abs. 1 UStG nach dem Entgelt bemessen. Durchlaufende Posten gehören nach § 10 Abs. 4 UStG nicht zum Entgelt für die sonstige Leistung.

Beispiel 6

a) Ein Reisebüro vermittelt Pauschalreisen oder andere Reiseleistungen eines Reiseunternehmers.

b) Ein Reisebüro vermietet in eigenem Namen ein fremdes Ferienhaus. Die Anreise erfolgt für den einzelnen Reisenden im Regelzug der Bundesbahn. Diese Beförderungsleistung wird durch das Reisebüro nur vermittelt.

(6) Als Reiseleistungen sind insbesondere anzusehen:

1. Beförderung zu den einzelnen Reisezielen, Transfer

2. Unterbringung und Verpflegung
3. Betreuung durch Reiseleiter
4. Durchführung von Veranstaltungen.

(7) Im Gegensatz zum bisherigen Recht gelten alle bei Durchführung der Reise erbrachten Leistungen als einheitliche sonstige Leistung des Reiseveranstalters an den Leistungsempfänger, soweit der Reiseveranstalter gegenüber dem Leistungsempfänger im eigenen Namen auftritt und für die Durchführung der Reise Lieferungen und sonstige Leistungen Dritter (Reisevorleistungen) in Anspruch nimmt. Die sonstige Leistung wird nach § 3a Abs. 1 UStG an dem Ort ausgeführt, von dem aus der Reiseveranstalter sein Unternehmen betreibt. Wird die sonstige Leistung von einer Betriebstätte des Reiseveranstalters ausgeführt, so gilt der Ort der Betriebstätte als Leistungsort.

(8) Für die Frage des Auftretens im eigenen Namen ist die Rechtsprechung des BGH (vgl. Urteile vom 30. November 1972 – VII ZR 239/71 –, BGHZ 60, 14 und vom 18. Oktober 1973 – ZR 247/72 –, BGHZ 61, 275) maßgeblich, der sich der BFH angeschlossen hat (vgl. BFH-Urteil vom 20. November 1975 – V R 138/73 –, BStBl 1976 II S. 307). Danach treten die Veranstalter einer Pauschalreise grundsätzlich dergestalt in unmittelbare Rechtsbeziehungen zu den Leistungsempfängern, daß sie für den reibungslosen Ablauf selbst verantwortlich sind.

(9) § 25 Abs. 1 UStG gilt nicht, soweit der Unternehmer Reiseleistungen durch Einsatz eigener Mittel (z. B. eigene Beförderungsmittel, eigenes Hotel, Betreuung durch angestellte Reiseleiter) erbringt. In diesem Falle gelten für die Eigenleistungen die allgemeinen umsatzsteuerrechtlichen Vorschriften (vgl. BFH-Urteil vom 20. November 1975 – V R 138/73 – a. a. O.). Bei Reisen, die sich auch auf das Außengebiet erstrecken, unterliegen der Besteuerung daher die einzelnen im Erhebungsgebiet erbrachten Einzelleistungen. Folgende Vorschriften sind zu beachten:
a) § 3a Abs. 1 UStG bei Betreuung durch angestellte Reiseleiter,
b) §§ 3a Abs. 2 Nr. 2 und 26 Abs. 3 UStG für Beförderungsleistungen,
c) § 3a Abs. 2 Nr. 1 Buchst. a UStG für Beherbergungsleistungen,
d) § 3 Abs. 6 UStG für Verpflegungsleistungen.

Eigene Mittel sind auch dann gegeben, wenn der Unternehmer einen Omnibus ohne Fahrer anmietet.

(10) Reisevorleistungen sind alle Leistungen, die von einem Dritten erbracht werden und dem Reisenden unmittelbar zugute kommen. In Betracht kommen alle Leistungen, die der Reisende in Anspruch nehmen würde, wenn er die Reise selbst durchführen würde (insbesondere Beförderung, Unterbringung, Verpflegung).

Beispiel 7

Ein Reiseveranstalter führt eine Pauschalreise durch. Er bedient sich für die Beförderung, Unterbringung und Verpflegung anderer Unternehmer. Insoweit sind Reisevorleistungen gegeben.

Keine Reisevorleistungen sind die folgenden Leistungen dritter Unternehmer, die nur mittelbar dem Reisenden zugute kommen:
a) Ein selbständiges Reisebüro vermittelt die Pauschalreisen des Reiseveranstalters.
b) Eine Kraftfahrzeugwerkstatt setzt auf einer Busreise das Fahrzeug instand.

(11) Gemischte Reiseleistungen liegen vor, wenn der Unternehmer sowohl Leistungen mit eigenen Mitteln erbringt (Absatz 9) als auch Reisevorleistungen in Anspruch nimmt (Absatz 10). In diesen Fällen ist § 25 UStG nur anwendbar, soweit der Unternehmer gegenüber dem Leistungsempfänger im eigenen Namen auftritt und Reisevorleistungen in Anspruch nimmt. Für die im Rahmen einer solchen Reise erbrachten Leistungen mit eigenen Mitteln gelten die allgemeinen Vorschriften (siehe Absatz 9). Der einheitliche Reisepreis muß in diesem Falle aufgeteilt werden.

Beispiel 8

Im Rahmen einer Pauschalreise befördert der Unternehmer die Reisenden im eigenen Bus. Unterbringung und Verpflegung erfolgen in einem fremden Hotel.
In diesem Falle unterliegt die Beförderungsleistung der Besteuerung nach den allgemeinen Vorschriften, die Unterbringungs- und Verpflegungsleistung unterliegt der Besteuerung nach § 25 Abs. 3 UStG.

II. Steuerfreiheit (§ 25 Abs. 2 UStG)

(1) Die einheitliche sonstige Leistung ist (insgesamt) steuerfrei, wenn ihr ausschließlich eine oder mehrere Reisevorleistungen der folgenden Art zuzurechnen sind (§ 25 Abs. 2 Satz 1 UStG):

1. Lieferungen und sonstige Leistungen, die außerhalb des EG-Gebietes bewirkt werden. Hierzu gehören insbesondere Unterkunft, Verpflegung und Beförderungen in Drittstaaten (z. B. in Spanien).
2. Grenzüberschreitende Beförderungen mit Luftfahrzeugen oder Seeschiffen. Hierzu gehören insbesondere Flugreisen zwischen Flughäfen im Erhebungsgebiet und im Außengebiet (z. B. zwischen Düsseldorf und Rom oder Athen) sowie Kreuzfahrten auf hoher See ab einem Hafen im Erhebungsgebiet (z. B. ab Hamburg).
3. Beförderungen mit Luftfahrzeugen oder Seeschiffen, die sich ausschließlich auf das Außengebiet erstrecken. Hierzu gehören insbesondere Flugreisen zwischen Flughäfen im Außengebiet ohne Berührung des Erhebungs-

gebiets (z. B. von Paris nach Madrid) sowie Kreuzfahrten auf hoher See ab einem Hafen in einem anderen EG-Mitgliedstaat (z. B. Mittelmeerrundfahrten ab Genua).

Beispiel 9

Ein Reiseveranstalter führt eine Flugpauschalreise nach Spanien aus. Als Reisevorleistungen sind dieser Reise zuzurechnen:
a) der grenzüberschreitende Flug durch den Luftfahrtunternehmer und
b) die Unterkunft und Verpflegung durch das Hotel in Spanien.
Es handelt sich ausschließlich um Reisevorleistungen im Sinne des § 25 Abs. 2 UStG.
Die sonstige Leistung des Reiseveranstalters ist daher insgesamt steuerfrei.

(2) Nach dem Sinn und Zweck des § 25 Abs. 2 Satz 1 UStG sind auch Beförderungen mit Luftfahrzeugen zwischen Berlin (West) und dem übrigen Erhebungsgebiet als Reisevorleistungen im Sinne der Vorschrift anzusehen.

(3) Die einheitliche sonstige Leistung ist (insgesamt) steuerpflichtig, wenn ihr ausschließlich andere als die in den Absätzen 1 und 2 bezeichneten Reisevorleistungen zuzurechnen sind. Zu den anderen Reisevorleistungen gehören insbesondere die Unterkunft und die Verpflegung im EG-Gebiet (z. B. in der Bundesrepublik Deutschland oder in Frankreich) sowie Beförderungen im Kraftfahrzeugverkehr, im Eisenbahnverkehr und im Binnenschiffsverkehr innerhalb des EG-Gebietes, ferner Beförderungen mit Luftfahrzeugen, die sich ausschließlich auf das Erhebungsgebiet erstrecken.

(4) Die einheitliche sonstige Leistung ist teils steuerfrei und teils steuerpflichtig, wenn ihr Reisevorleistungen der in den Absätzen 1 und 2 bezeichneten Art und Reisevorleistungen der in Absatz 3 bezeichneten Art zuzurechnen sind (vgl. § 25 Abs. 2 Satz 2 UStG). Bei Beförderungen im Kraftfahrzeugverkehr, im Eisenbahnverkehr und im Binnenschiffsverkehr, die sich sowohl auf das EG-Gebiet als auch auf das Gebiet von Drittstaaten erstrecken, stellt der Teil der Beförderung, der auf Strecken in Drittstaaten entfällt, eine Reisevorleistung im Sinne der Absätze 1 und 2 und der übrige Teil der Beförderung eine Reisevorleistung im Sinne des Absatzes 3 dar.

(5) Die Steuerbefreiung des § 25 Abs. 2 UStG kommt nicht in Betracht, soweit der Unternehmer die Reiseleistungen nur vermittelt hat (vgl. auch Abschnitt I Abs. 5). Ob die Vermittlungsleistung steuerfrei ist, beurteilt sich nach § 4 Nr. 5 UStG.

III. Bemessungsgrundlage (§ 25 Abs. 3 UStG)

(1) Abweichend von § 10 UStG ist als Bemessungsgrundlage lediglich die Differenz (Marge) zwischen dem Betrag, den der Leistungsempfänger ent-

richtet und den Aufwendungen für die Reisevorleistungen zugrundezulegen; hiervon ist die Umsatzsteuer abzusetzen.

Beispiel 10

Ein Reiseveranstalter mit Sitz oder Betriebstätte im Erhebungsgebiet führt eine Bahnpauschalreise im Erhebungsgebiet aus. Der Preis beträgt 440 DM. Es nehmen 40 Personen teil. Der Reiseveranstalter hat für Reisevorleistungen aufzuwenden:

a) an die Bundesbahn für die Fahrt
(einschließlich Umsatzsteuer) — 3200, – DM
b) an Hotel für Unterkunft
(einschließlich Umsatzsteuer) — 12000, – DM

Die Marge für die Leistung des Reiseveranstalters ermittelt sich wie folgt:

Reisepreis (Aufwendungen der Reiseteilnehmer)		17600, – DM
. /. Reisevorleistungen		
a) Fahrt	3200, – DM	
b) Unterkunft	12000, – DM	15200, – DM
		2400, – DM
. /. darin enthaltene Umsatzsteuer (11,5 v. H.)		276, – DM
Marge = Bemessungsgrundlage		2124, – DM

Zu den Aufwendungen für Reisevorleistungen gehören auch die Aufwendungen, die der Unternehmer auf Grund vertraglicher Vereinbarung für nicht ausgenützte Kapazitäten zahlen muß.

Beispiel 11

Der Reiseunternehmer, der einem Hotel die Abnahme einer bestimmten Zahl von Zimmern oder auch aller Zimmer garantiert hat, muß das dafür vertraglich vereinbarte Entgelt auch dann in voller Höhe entrichten, wenn er die gebuchten Zimmer nicht alle oder nicht für den vereinbarten Abnahmezeitraum belegen kann.

Aufwendungen für Reisevorleistungen in fremder Währung sind anhand des § 16 Abs. 6 UStG in dem Zeitpunkt umzurechnen, in dem die Aufwendungen geleistet worden sind.

(2) Treffen bei einer Reise Leistungen des Unternehmers mit eigenen Mitteln und Leistungen Dritter zusammen (vgl. Abschnitt I Abs. 11), so sind für die Berechnung der Marge die eigenen Leistungen grundsätzlich im prozentualen Verhältnis zu den Fremdleistungen auszuscheiden. Die eigenen Leistungen sind mit den dafür aufgewendeten Kosten (einschl. Umsatzsteuer) anzusetzen.

Beispiel 12

Ein Reiseveranstalter mit Sitz oder Betriebstätte im Erhebungsgebiet führt eine Omnibuspauschalreise im Erhebungsgebiet aus. Der Preis beträgt 600 DM. Es nehmen 50 Personen teil. Dem Unternehmer entstehen folgende Aufwendungen:

	DM	v. H.
1. Eigenleistungen		
a) Beförderung mit eigenem Bus	4000,–	
b) Betreuung am Zielort durch angestellte Reiseleiter	1000,–	
insgesamt	5000,–	20
2. Reisevorleistungen Dritter		
Unterkunft und Verpflegung	20000,–	80
	25000,–	100

Die Marge errechnet sich wie folgt:

Reisepreis (Aufwendungen der Reiseteilnehmer)	30000,– DM
./. 20 v. H. für Eigenleistungen	6000,– DM
	24000,– DM
./. Reisevorleistungen	20000,– DM
	4000,– DM
./. darin enthaltene Umsatzsteuer (11,5 v. H.)	460,– DM
Marge = Bemessungsgrundlage	3540,– DM

Der Unternehmer hat mit 13 v. H. zu versteuern:

a) seine Eigenleistungen (6000 DM ./. darin enthaltene Umsatzsteuer in Höhe von 11,5 v. H.)	5310,– DM
b) die Marge	3540,– DM
	8850,– DM

(3) Ist die einheitliche sonstige Leistung teils steuerfrei und teils steuerpflichtig (vgl. Abschnitt II Abs. 4), so ist die Bemessungsgrundlage für die unter § 25 UStG fallenden Umsätze im Verhältnis der Reisevorleistungen i. S. des § 25 Abs. 2 UStG zu den übrigen Reisevorleistungen aufzuteilen:

Beispiel 13

Ein Reiseveranstalter mit Sitz oder Betriebstätte im Erhebungsgebiet führt eine Flugpauschalreise nach Italien aus. Der Preis beträgt 1100 DM. Es nehmen 80 Personen teil. Der Veranstalter hat an Reisevorleistungen aufzuwenden:

a) Flugkosten	20000,– DM
b) Kosten für Unterkunft und Verpflegung im Hotel (einschl. ital. Umsatzsteuer)	60000,– DM
insgesamt	80000,– DM

Die Marge errechnet sich wie folgt:

Reisepreis (Aufwendungen der Reiseteilnehmer)	88000,– DM
./. Reisevorleistungen	80000,– DM
Gesamtmarge	8000,– DM

davon entfallen

a) auf den Flug (25 v. H. der Reisevorleistungen) – steuerfrei nach § 25 Abs. 2 Nr. 2 UStG –	2000,– DM
b) auf Unterkunft und Verpflegung (75 v. H. der Reisevorleistungen)	6000,– DM
./. darin enthaltene Umsatzsteuer (11,5 v. H.)	690,– DM
– steuerpflichtig –	5310,– DM

Die Bemessungsgrundlage (Marge) für die Flugpauschalreise beträgt danach:

für steuerfreie Umsätze	2000,— DM
für steuerpflichtige Umsätze	5310,— DM

(4) Die Errechnung der Bemessungsgrundlage (Marge) für die einzelne Leistung (vgl. Beispiele 10 bis 13) kann bei Pauschalreisen mit erheblichen Schwierigkeiten verbunden sein. Eine Zuordnung der Reisevorleistungen wird vielfach abrechnungstechnische Probleme aufwerfen. § 25 Abs. 3 letzter Satz UStG sieht deshalb Erleichterungen vor. Der Unternehmer hat danach die Möglichkeit, die Marge für bestimmte Gruppen von Reiseleistungen zu ermitteln. Dies kann z. B. die Marge für eine in sich abgeschlossene Reise (z. B. Kreuzfahrt) oder für sämtliche Reisen während eines bestimmten Zeitraums (Saison) in einen Zielort oder ein Zielgebiet sein. Er kann aber auch die Bemessungsgrundlage (Marge) für seine gesamten innerhalb eines Besteuerungszeitraums bewirkten Reiseleistungen, soweit sie unter die Sonderregelung des § 25 UStG fallen, in einer Summe ermitteln.

Beispiel 14

Der Unternehmer hat im Kalenderjahr Reiseleistungen in Höhe von insgesamt 2 700 000 DM bewirkt. An touristischen Direktaufwendungen sind ihm entstanden:

	DM	v. H.
Eigenleistungen		
Beförderungen mit eigenen Bussen (davon 40 v. H. Strecke im Erhebungsgebiet = steuerpflichtig)	500 000	20
Reisevorleistungen		
1. grenzüberschreitende Beförderung mit Luftfahrzeugen	500 000	20
2. Unterkunft und Verpflegung in EG-Mitgliedstaaten	1 000 000	40
3. Unterkunft und Verpflegung in Drittländern	500 000	20
	2 500 000	100

Die Marge errechnet sich wie folgt:

Einnahmen aus Reiseleistungen	2 700 000 DM
./. 20 v. H. Eigenleistungen	540 000 DM
	2 160 000 DM
./. Reisevorleistungen	2 000 000 DM
	160 000 DM

davon entfallen auf
Reisevorleistungen i. S. des § 25 Abs. 2 UStG (Nr. 1 und Nr. 3)

= 50 v. H. der gesamten Reisevorleistungen (steuerfrei)	80 000 DM
Unterkunft und Verpflegung in EG-Mitgliedstaaten (steuerpflichtig)	80 000 DM
./. darin enthaltene Umsatzsteuer in Höhe von 11,5 v. H.	9 200 DM
Marge für steuerpflichtige Reiseleistungen	70 800 DM

Der Unternehmer hat danach mit 13 v. H. zu versteuern:

1. die Marge für Reiseleistungen	70 800 DM
2. seine Beförderungsleistung, soweit sie auf das Erhebungsgebiet entfällt (40 v. H. = 216 000 DM ./. darin enthaltene Umsatzsteuer in Höhe von 11,5 v. H.)	191 160 DM
	261 960 DM

Nach § 25 Abs. 2 UStG sind steuerfrei   80 000 DM
Nicht steuerbar sind die auf das Außengebiet entfallenden Beförderungsleistungen
(§ 3a Abs. 2 Nr. 2 UStG)   324 000 DM

(5) Für den Unternehmer, der eine „Incentive-Reise" für sein Unternehmen erwirbt, gilt folgendes:

a) Wird die Reise einem Betriebsangehörigen als Sachzuwendung im Sinne des § 1 Abs. 1 Nr. 1 Buchst. b UStG (vgl. Beispiel 5) oder gegen Entgelt überlassen, so bewirkt der Unternehmer damit eine Reiseleistung, die der Besteuerung nach § 25 UStG unterliegt. Im Falle einer Sachzuwendung ergibt sich jedoch keine Bemessungsgrundlage (Marge), weil sich die Kosten gem. § 10 Abs. 4 Nr. 2 UStG mit den Aufwendungen des Unternehmers für den Erwerb der Reise decken. Das gleiche gilt, wenn eine Barzahlung des Arbeitnehmers für die Reise die Aufwendungen des Unternehmers für den Erwerb der Reise nicht übersteigt. Der Abzug der auf den Erwerb der Reise entfallenden Vorsteuer ist in diesen Fällen nach § 25 Abs. 4 UStG ausgeschlossen.

b) Wird die Reise nicht gegen Entgelt oder als Sachzuwendung weitergegeben, sondern im Unternehmen verwendet, z. B. für Dienstreisen von Angestellten, als Kundengeschenk, als Prämie für Handelsvertreter usw., so bewirkt der Unternehmer keine Reiseleistung i. S. des § 25 UStG. Er kann in diesem Falle die auf den Erwerb der Reise entfallende Vorsteuer unter den Voraussetzungen des § 15 UStG absetzen. Bei Zuwendung der Reise an einen Geschäftsfreund wird jedoch ein Eigenverbrauch nach § 1 Abs. 1 Nr. 2 Buchst. c UStG vorliegen.

(6) Durch die Erleichterungen bei der Ermittlung der Bemessungsgrundlage nach § 25 Abs. 3 UStG wird die Verpflichtung zur Abgabe von Umsatzsteuer-Voranmeldungen nicht berührt. Soweit in diesen Fällen die Höhe der Marge für die im Voranmeldungszeitraum bewirkten Umsätze noch nicht feststeht, bestehen keine Bedenken, daß der Unternehmer in der Umsatzsteuer-Voranmeldung als Bemessungsgrundlage geschätzte Beträge zugrundelegt, die an Hand der Kalkulation oder nach Erfahrungssätzen der Vorjahre zu ermitteln sind. Das gleiche gilt in den Fällen, in denen der Unternehmer zwar die Marge für jede einzelne Leistung ermittelt, ihm aber am Ende des Voranmeldungszeitraums die Höhe der Reisevorleistung für die in diesem Zeitraum bewirkten Leistungen noch nicht bekannt ist. Es muß dabei gewährleistet sein, daß sich nach endgültiger Feststellung der Bemessungsgrundlage nicht regelmäßig höhere Abschlußzahlungen ergeben.

IV. Vorsteuerabzug (§ 25 Abs. 4 UStG)

(1) Nach § 25 Abs. 4 Satz 1 UStG ist der Unternehmer nicht berechtigt, die ihm für Reisevorleistungen im Sinne des § 25 Abs. 1 Satz 5 UStG in Rechnung gestellten Umsatzsteuerbeträge als Vorsteuer abzuziehen (wegen der Abgrenzung der Reisevorleistungen vgl. Abschnitt I Abs. 10). Im übrigen bleibt § 15 UStG von der Sonderregelung des § 25 UStG unberührt (§ 25 Abs. 4 Satz 2 UStG).

(2) Vom Vorsteuerabzug ausgeschlossen sind die Umsatzsteuerbeträge, die auf Reisevorleistungen entfallen, auf Leistungen Dritter also, die den Reisenden unmittelbar zugute kommen. Umsatzsteuerbeträge, die dem Unternehmer für andere für sein Unternehmen ausgeführte Leistungen in Rechnung gestellt werden, sind dagegen unter den Voraussetzungen des § 15 UStG als Vorsteuern abziehbar. Hierzu gehören z. B. Vorsteuerbeträge, die bei Geschäftsreisen des Unternehmers oder Dienstreisen seiner Angestellten sowie beim Erwerb von Einrichtungsgegenständen, Büromaschinen und Büromaterial anfallen. Der Vorsteuerabzug steht dem Unternehmer auch dann zu, wenn die empfangene Leistung zwar mit der Reise unmittelbar zusammenhängt, aber dem Reisenden lediglich mittelbar zugute kommt (vgl. hierzu die Buchstaben a und b in Abschnitt I Abs. 10).

(3) Die Berechtigung zum Vorsteuerabzug entfällt nur insoweit, als der Unternehmer Reiseleistungen bewirkt, die nach § 25 UStG der Besteuerung unterliegen. Allerdings kommt es nicht darauf an, ob der Unternehmer für die steuerpflichtigen Reiseleistungen tatsächlich Umsatzsteuer zu entrichten hat. Nicht beansprucht werden kann der Vorsteuerabzug deshalb auch in den Fällen, in denen es für die Reiseleistung im Sinne des § 25 Abs. 1 Satz 1 UStG an einer Bemessungsgrundlage (§ 25 Abs. 3 UStG) fehlt. Eine Bemessungsgrundlage gemäß § 25 Abs. 3 UStG ergibt sich dann nicht, wenn die vom Unternehmer für Reisevorleistungen aufgewendeten Beträge genau so hoch sind wie der vom Leistungsempfänger für die Reiseleistung gezahlte Betrag oder wenn die Beträge für Reisevorleistungen den vom Leistungsempfänger gezahlten Betrag übersteigen (vgl. auch Abschnitt III Abs. 5 Buchst. a). Ausgeschlossen ist der Vorsteuerabzug folglich insbesondere auch bei sog. ,,Incentive-Reisen" (vgl. Abschnitt I Abs. 3 Beispiel 5 und Abschnitt III Abs. 5), die der Unternehmer erwirbt und Arbeitnehmern entweder als Sachzuwendung überläßt oder ohne Aufschlag weiterberechnet.

(4) Der Ausschluß des Vorsteuerabzugs nach § 25 Abs. 4 Satz 1 UStG gilt u. a. auch für nicht im Erhebungsgebiet ansässige Reiseveranstalter sowie bei nicht im Erhebungsgebiet befindlichen Betriebstätten eines im Erhebungsgebiet ansässigen Reiseveranstalters. Ein nicht im Erhebungsgebiet ansässiger Reiseveranstalter, der im Erhebungsgebiet Reisevorleistungen in Anspruch

nimmt, kann deshalb die ihm für diese Reisevorleistungen in Rechnung gestellte Umsatzsteuer nicht als Vorsteuer abziehen. Ebensowenig kann eine Vergütung dieser Umsatzsteuer in dem besonderen Verfahren nach § 18 Abs. 9 UStG i. V. m. §§ 59 bis 61 UStDV begehrt werden. Der im Erhebungsgebiet ansässige Reiseveranstalter, der außerhalb des Erhebungsgebiets eine Betriebstätte unterhält, ist auch insoweit nicht zum Vorsteuerabzug berechtigt, als dieser Betriebstätte für die von ihr in Anspruch genommenen Reisevorleistungen Umsatzsteuer in Rechnung gestellt worden ist.

(5) Der Vorsteuerabzug ist nach § 15 Abs. 3 Nr. 1 Buchst. a UStG nicht ausgeschlossen, wenn die Reiseleistung gemäß § 25 Abs. 2 UStG steuerfrei ist. Das gleiche gilt nach § 15 Abs. 3 Nr. 2 Buchst. a UStG für Reiseleistungen im Außengebiet und für unentgeltliche Reiseleistungen, die im Erhebungsgebiet bzw. bei Zahlung eines Entgelts nach § 25 Abs. 2 UStG umsatzsteuerfrei wären. Durch diese Regelung wird sichergestellt, daß der Unternehmer den Vorsteuerabzug für alle empfangenen Leistungen beanspruchen kann, die wirtschaftlich den nach § 25 Abs. 2 UStG steuerfreien oder entsprechenden nicht steuerbaren Reiseleistungen ganz oder teilweise zuzurechnen sind (z. B. die Vermittlung einer Pauschalreise durch einen anderen Unternehmer, Lieferung von Reiseprospekten und Katalogen an den Unternehmer). Für die in § 25 Abs. 2 Satz 1 UStG bezeichneten Reisevorleistungen entfällt allerdings der Vorsteuerabzug, denn diese Leistungen unterliegen im Erhebungsgebiet nicht der Besteuerung.

(6) Bezüglich des Vorsteuerabzugs macht es deshalb im Ergebnis keinen Unterschied aus, ob die Reiseleistung i. S. des § 25 Abs. 1 Satz 1 UStG der Besteuerung unterliegt, nach § 25 Abs. 2 UStG steuerfrei ist oder – falls sie außerhalb des Erhebungsgebiets oder unentgeltlich ausgeführt wird – bei ihrer Ausführung im Erhebungsgebiet oder gegen Entgelt nach dieser Vorschrift steuerfrei wäre.

V. Aufzeichnungspflichten (§ 25 Abs. 5 UStG)

(1) Die Vorschrift des § 25 Abs. 5 UStG ergänzt § 22 UStG und paßt die umsatzsteuerrechtlichen Aufzeichnungspflichten inhaltlich an die Sonderregelung für die Besteuerung von Reiseleistungen an. Unternehmer, die nicht nur Reiseleistungen i. S. des § 25 Abs. 1 Satz 1 UStG ausführen, müssen die Aufzeichnungen für diese Leistungen und für die übrigen Umsätze gegeneinander abgrenzen. Zu den übrigen Umsätzen rechnen insbesondere auch die Reiseleistungen, auf die § 25 UStG nicht anzuwenden ist (z. B. Reiseleistungen, die für das Unternehmen des Leistungsempfängers bestimmt sind, und Reiseleistungen, die der Unternehmer mit eigenen Mitteln erbringt, vgl. Abschnitt I Absätze 3 und 9).

(2) Die Aufzeichnungspflicht des Unternehmers erstreckt sich nicht nur auf die umsatzsteuerpflichtigen Reiseleistungen i. S. des § 25 Abs. 1 Satz 1 UStG, sondern umfaßt auch die nach § 25 Abs. 2 UStG umsatzsteuerfreien Reiseleistungen. Führt der Unternehmer sowohl umsatzsteuerpflichtige als auch umsatzsteuerfreie Reiseleistungen aus, so muß aus seinen Aufzeichnungen nach § 25 Abs. 5 Nr. 4 UStG hervorgehen, welche Leistungen steuerpflichtig und welche steuerfrei sind. Dazu ist es erforderlich, daß entweder in den Aufzeichnungen die steuerpflichtigen und die steuerfreien Reiseleistungen voneinander abgegrenzt oder die steuerpflichtigen Reiseleistungen getrennt von den steuerfreien aufgezeichnet werden.

(3) Im einzelnen ist nach § 25 Abs. 5 UStG über die Reiseleistungen folgendes aufzuzeichnen:
1. der Betrag, den der Leistungsempfänger für die Leistung aufwendet,
2. die Beträge, die der Unternehmer für Reisevorleistungen aufwendet, und
3. die Bemessungsgrundlage nach § 25 Abs. 3 UStG.

Der Unternehmer muß zwar die Bemessungsgrundlage nach § 25 Abs. 3 UStG errechnen. Die Berechnungen selbst braucht er aber nicht aufzuzeichnen und aufzubewahren.

1. Aufzeichnung der von den Leistungsempfängern für Reiseleistungen aufgewendeten Beträge

(4) Nach § 25 Abs. 5 Nr. 1 UStG ist der Unternehmer verpflichtet, die von den Leistungsempfängern für Reiseleistungen i. S. des § 25 Abs. 1 Satz 1 UStG aufgewendeten Beträge aufzuzeichnen. Aufgezeichnet werden müssen die für Reiseleistungen vereinbarten – berechneten – Preise einschließlich der Umsatzsteuer. Ändert sich der vereinbarte Preis nachträglich, so hat der Unternehmer auch den Betrag der jeweiligen Preisminderung oder -erhöhung aufzuzeichnen.

(5) Der Unternehmer muß grundsätzlich den Preis für jede einzelne Reiseleistung aufzeichnen. Das gilt auch dann, wenn nach § 25 Abs. 3 Satz 1 UStG die Bemessungsgrundlage statt für die einzelne Leistung für bestimmte Gruppen von Reiseleistungen oder für die in einem Besteuerungszeitraum erbrachten Reiseleistungen insgesamt ermittelt wird. Führt der Unternehmer an einen Leistungsempfänger mehrere Reiseleistungen i. S. des § 25 Abs. 1 Satz 1 UStG aus, so braucht er nur den Gesamtpreis für diese Reiseleistungen aufzuzeichnen.

(6) Soweit der Unternehmer gemischte Reiseleistungen ausführt, bei denen er einen Teil der Leistungen mit eigenen Mitteln erbringt, muß aus den Aufzeichnungen hervorgehen, auf welchen Umsatz § 25 UStG anzuwenden

ist und welcher Umsatz nach den allgemeinen Vorschriften des Umsatzsteuergesetzes zu versteuern ist. Dazu sind neben dem für die Reise berechneten Gesamtpreis der auf die Reiseleistung nach § 25 Abs. 1 Satz 1 UStG entfallende Preisanteil und der anteilige Preis oder das Entgelt für die mit eigenen Mitteln des Unternehmers erbrachten Leistungen aufzuzeichnen. Ermittelt der Unternehmer nach § 25 Abs. 3 Satz 3 UStG die Bemessungsgrundlage für Gruppen von Reiseleistungen oder für die in einem Besteuerungszeitraum ausgeführten Reiseleistungen insgesamt, so können die Gesamtbeträge der Preisanteile für Reiseleistungen i. S. des § 25 Abs. 1 Satz 1 UStG und der Preisanteile (bzw. Entgelte), die auf die mit eigenen Mitteln erbrachten Leistungen entfallen, errechnet und aufgezeichnet werden.

2. Aufzeichnung der vom Unternehmer für Reisevorleistungen aufgewendeten Beträge

(7) Die Vorschrift des § 25 Abs. 5 Nr. 2 UStG bestimmt, daß der Unternehmer die Beträge aufzeichnet, die er für Reisevorleistungen i. S. des § 25 Abs. 1 Satz 5 UStG aufwendet. Grundsätzlich sind die für Reisevorleistungen vereinbarten – berechneten – Preise einschließlich der Umsatzsteuer aufzuzeichnen. Ändern sich die Preise für Reisevorleistungen nachträglich, so ist dies in den Aufzeichnungen festzuhalten.

(8) Aufgezeichnet werden müssen auch die Preise für die in § 25 Abs. 2 Satz 1 UStG aufgeführten Reisevorleistungen, die zur Steuerbefreiung der betreffenden Reiseleistungen führen. Nimmt der Unternehmer neben Reisevorleistungen, die eine Steuerbefreiung der jeweiligen Reiseleistung nach sich ziehen, auch andere Reisevorleistungen in Anspruch, so sind die beiden Gruppen von Reisevorleistungen in den Aufzeichnungen deutlich voneinander abzugrenzen.

(9) Aus den Aufzeichnungen des Unternehmers muß grundsätzlich hervorgehen, für welche Reiseleistung die einzelne Reisevorleistung in Anspruch genommen worden ist. Hat der Unternehmer die in Anspruch genommene Reisevorleistung für mehrere Reiseleistungen verwendet, so ist in den Aufzeichnungen außer dem Gesamtpreis anzugeben, welche Teilbeträge davon auf die einzelnen Reiseleistungen entfallen. Das gleiche gilt, wenn der Unternehmer eine Rechnung erhält, in der ihm mehrere Reisevorleistungen berechnet werden.

(10) Ermittelt der Unternehmer nach § 25 Abs. 3 Satz 3 UStG für bestimmte Gruppen von Reiseleistungen oder für die in einem Besteuerungszeitraum ausgeführten Reiseleistungen die Bemessungsgrundlage insgesamt, so entfällt die Verpflichtung, in den Aufzeichnungen die Reisevorleistungen

ganz oder anteilig den einzelnen Reiseleistungen zuzuordnen. Aus den Aufzeichnungen des Unternehmers muß in diesen Fällen lediglich zu ersehen
sein, daß die Reisevorleistungen für eine bestimmte Gruppe von Reiseleistungen oder die in einem Besteuerungszeitraum ausgeführten Reiseleistungen in Anspruch genommen worden sind.

3. Aufzeichnungen der Bemessungsgrundlage für Reiseleistungen

(11) Nach § 25 Abs. 5 Nr. 3 UStG hat der Unternehmer die Bemessungsgrundlage für die Reiseleistungen (§ 25 Abs. 3 UStG) aufzuzeichnen. Aufgezeichnet werden müssen sowohl die Bemessungsgrundlagen für umsatzsteuerpflichtige Reiseleistungen als auch die Bemessungsgrundlagen für umsatzsteuerfreie Reiseleistungen. Ist nach § 25 Abs. 2 Satz 2 UStG nur ein Teil
einer Reiseleistung umsatzsteuerfrei, so muß aus den Aufzeichnungen des
Unternehmers hervorgehen, wie hoch die Bemessungsgrundlage für diesen
Teil der Reiseleistungen ist und welcher Betrag als Bemessungsgrundlage
auf den umsatzsteuerpflichtigen Teil der Reiseleistung entfällt.

(12) Grundsätzlich ist die Bemessungsgrundlage für jede einzelne Reiseleistung oder für den jeweiligen Teil einer Reiseleistung aufzuzeichnen. Führt
der Unternehmer an einen Leistungsempfänger mehrere Reiseleistungen aus,
so braucht er nur den Gesamtbetrag der Bemessungsgrundlage für diese
Reiseleistungen aufzuzeichnen. Unternehmer, die nach § 25 Abs. 3 Satz 3
UStG verfahren, haben lediglich die Gesamtbemessungsgrundlagen für die
jeweiligen Gruppen von Reiseleistungen oder den Gesamtbetrag der Bemessungsgrundlagen für die innerhalb eines Besteuerungszeitraums ausgeführten Reiseleistungen aufzuzeichnen.

(13) Ändert sich die Bemessungsgrundlage für eine Reiseleistung nachträglich, so muß in den Aufzeichnungen angegeben werden, um welchen
Betrag sich die Bemessungsgrundlage verringert oder erhöht hat. Der Betrag der berichtigten Bemessungsgrundlage braucht nicht aufgezeichnet zu
werden.

Dieses Schreiben wird in die USt-Kartei aufgenommen.

Anlage 3

**Einführungsschreiben betreffend steuerfreie Vermittlungsleistungen
nach § 4 Nr. 5 UStG**

Vom 8. Mai 1981*

(IV A 3 – S 7156 d – 8/81)

Unter Bezugnahme auf das Ergebnis der Erörterungen mit den obersten
Finanzbehörden der Länder gilt folgendes:

I. Allgemeines

1   (1) Die Steuerbefreiung des § 4 Nr. 5 UStG ist ab 1. Januar 1980 an die
Stelle der bisherigen Steuerbefreiung des § 4 Nr. 3, § 8 Abs. 1 Nr. 5 UStG
1973 getreten. Gegenstand der Steuerbefreiung ist die Vermittlung bestimmter Umsätze im grenzüberschreitenden Waren- und Dienstleistungsverkehr
und der Umsätze im Außengebiet (vgl. im einzelnen Tz. 4 ff.). Die Steuerbefreiung ist nicht mehr auf die Vermittlungsleistungen bestimmter Unternehmer (Handelsvertreter usw.) beschränkt. Außerdem ist die Voraussetzung
entfallen, daß ein ausländischer Auftraggeber vorliegen muß. Die Vermittlung der in § 4 Nr. 5 UStG bezeichneten Umsätze ist daher auch dann steuerfrei, wenn sie von anderen als den bisher in § 8 Abs. 1 Nr. 5 UStG 1973
genannten Unternehmern bewirkt wird. Auch kann der Auftraggeber im
Erhebungsgebiet ansässig sein. Außerdem ist jetzt auch die gelegentliche
Vermittlung der in § 4 Nr. 5 UStG bezeichneten Umsätze steuerfrei. Zur
Behandlung der Reisebüros wird auf Tz. 11 ff. hingewiesen.

2   (2) Die Anerkennung einer Tätigkeit als Vermittlungsleistung erfordert
ein Handeln in fremdem Namen und für fremde Rechnung. Der Wille, in
fremdem Namen handeln zu wollen und unmittelbare Rechtsbeziehungen
zwischen dem leistenden Unternehmer und dem Leistungsempfänger herstellen zu wollen, muß hierbei den Beteiligten gegenüber deutlich zum Ausdruck kommen (vgl. BFH-Urteil vom 19. Januar 1967, BStBl. III S. 211).

3   (3) Anders als bei den Befreiungstatbeständen des § 8 Abs. 1 UStG 1973
erstreckt sich die Steuerbefreiung des § 4 Nr. 5 UStG nicht auf die bisher als
handelsübliche Nebenleistungen bezeichneten Tätigkeiten, die im Zusammenhang mit Vermittlungsleistungen als selbständige Leistungen vorkom-

---

* Das Einführungsschreiben zu § 4 Nr. 5 UStG war bei Redaktionsschluß im Bundessteuerblatt Teil I noch nicht veröffentlicht.

men. Nebenleistungen sind daher im Rahmen des § 4 Nr. 5 UStG nur dann steuerfrei, wenn sie als unselbständiger Teil der Vermittlungsleistung anzusehen sind (z. B. die Übernahme des Inkasso oder der Entrichtung der Eingangsabgaben durch den Vermittler). Für die selbständigen Leistungen, die im Zusammenhang mit den Vermittlungsleistungen ausgeübt werden, kann jedoch gegebenenfalls Steuerbefreiung nach § 4 Nr. 2, § 8 UStG oder nach § 4 Nr. 3 UStG in Betracht kommen.

II. Zu den steuerbefreiten Vermittlungsleistungen

4   (1) Die Steuerbefreiung des § 4 Nr. 5 UStG erstreckt sich auf die Vermittlung der in dieser Vorschrift unter den Buchstaben a bis d bezeichneten Umsätze. Die Einzelheiten zu diesen Umsätzen ergeben sich aus den folgenden Absätzen 2 bis 7 (Tz. 5 bis 10).

Umsätze, die unter § 4 Nr. 1 bis 4 UStG fallen (Buchstabe a)

5   (2) Zur Frage, welche der vermittelten Umsätze unter die Befreiungsvorschriften des § 4 Nr. 1 bis 4 UStG fallen, wird auf die folgenden BMF-Schreiben hingewiesen:

1. Zu § 4 Nr. 1, § 6 UStG:
   BMF-Schreiben vom 14. Juli 1980
   – IV A 3 – S 7131 – 41/80 –
   (BStBl. I S. 443, USt-Kartei § 4 S 7131 Karte 12).
2. Zu § 4 Nr. 1, § 7 UStG:
   BMF-Schreiben vom 8. Januar 1981
   – IV A 3 – S 7135 – 15/80 –
   (BStBl. I S. 30, USt-Kartei § 4 S 7135 Karte 2).
3. Zu § 4 Nr. 2, § 8 UStG:
   BMF-Schreiben vom 18. Februar 1980
   – IV A 3 – S 7155 – 2/80 –
   (BStBl. I S. 100, USt-Kartei § 4 S 7155 Karte 3).
4. Zu § 4 Nr. 3 UStG:
   BMF-Schreiben vom 4. Mai 1981
   – IV A 3 – S 7156 – 11/81 –
   (Der Abdruck im BStBl. I und in der USt-Kartei folgt in Kürze.)
5. Zu § 4 Nr. 4 UStG:
   BMF-Schreiben vom 9. Mai 1980
   – IV A 3 – S 7156 c – 2/80 –
   (BStBl. I S 235, USt-Kartei § 4 S 7156 c Karte 1).

7*

Grenzüberschreitende Personenbeförderungen mit Luftfahrzeugen oder Seeschiffen
(Buchstabe b)

6   (3) Bei der Vermittlung dieser grenzüberschreitenden Personenbeförderungen ist es unerheblich, wenn kurze außengebietliche Streckenanteile als Beförderungsstrecken im Erhebungsgebiet oder kurze Streckenanteile im Erhebungsgebiet als Beförderungsstrecken im Außengebiet anzusehen sind (vgl. § 7 UStDV). Aus Vereinfachungsgründen ist die Vermittlung von Personenbeförderungen mit Luftfahrzeugen zwischen Berlin (West) und dem übrigen Erhebungsgebiet in die Steuerbefreiung einzubeziehen.

Umsätze im Außengebiet (Buchstabe c)

7   (4) In diesen Fällen kommt es auf die Art der vermittelten Umsätze nicht an. Sie müssen jedoch ausschließlich im Außengebiet bewirkt werden. Umsätze im Außengebiet sind auch die Lieferungen, bei denen der Lieferer den Gegenstand der Lieferung vom Außengebiet aus an einen Abnehmer oder in dessen Auftrag an einen Dritten in das Erhebungsgebiet befördert oder versendet (§ 3 Abs. 7 UStG). Ferner sind als Umsätze im Außengebiet die Lieferungen anzusehen, die nach § 3 Abs. 8 UStG als in einem anderen Mitgliedstaat der Europäischen Wirtschaftsgemeinschaft ausgeführt zu behandeln sind. Nicht befreit ist z. B. die Vermittlung von Personenbeförderungen im grenzüberschreitenden Beförderungsverkehr mit Kraftfahrzeugen oder im internationalen Eisenbahnverkehr, weil in diesen Fällen die vermittelte Leistung teils im Erhebungsgebiet und teils im Außengebiet bewirkt wird (§ 3a Abs. 2 Nr. 2 UStG).

8   (5) Die Steuerbefreiung für die Vermittlung von Umsätzen, die ausschließlich im Außengebiet bewirkt werden (§ 4 Nr. 5 Buchstabe c UStG), kann auch dann in Anspruch genommen werden, wenn die vermittelte Lieferung oder sonstige Leistung von einem Nichtunternehmer bewirkt wird. Für die Frage, ob sich in diesen Fällen der Ort des vermittelten Umsatzes im Außengebiet befindet, sind die Vorschriften des § 3 Abs. 6 bis 8 und § 3a UStG entsprechend anzuwenden.

Beispiel 1

Eine im Erhebungsgebiet ansässige Privatperson überträgt ihren Miteigentumsanteil an einem im Außengebiet lagernden Sammelbestand von Goldmünzen. Dieses Geschäft wird von einem Kreditinstitut im Erhebungsgebiet im Auftrag der Privatperson vermittelt.

Die Übertragung des Miteigentumsanteils ist eine sonstige Leistung. Würde sie von einem Unternehmer ausgeführt, so wäre Leistungsort der Ort, von dem aus der

Unternehmer sein Unternehmen betreibt oder an dem er seine Betriebstätte hat (§ 3a Abs. 1 UStG). Im vorliegenden Fall ist diese Vorschrift entsprechend anzuwenden. Das Kreditinstitut kann somit im vorliegenden Fall für seine Vermittlungsleistung von der Steuerbefreiung des § 4 Nr. 5 Buchstabe c UStG keinen Gebrauch machen.

Lieferungen, die nach § 3 Abs. 8 UStG als im Erhebungsgebiet ausgeführt zu behandeln sind (Buchstabe d)

9   (6) Die Vorschrift befreit die Vermittlung der Einfuhrlieferungen, die auf Grund des § 3 Abs. 8 UStG als Lieferungen im Erhebungsgebiet zu behandeln sind. In Verbindung mit der Befreiungsvorschrift des § 4 Nr. 5 Buchstabe c UStG (vgl. Tz. 7, Satz 3) ist damit die Vermittlung der Einfuhrlieferungen unabhängig davon steuerfrei, wo sie ausgeführt werden und wer Schuldner der Einfuhrumsatzsteuer ist.

10   (7) Nicht unter die Befreiungsvorschrift des § 4 Nr. 5 UStG fällt die Vermittlung der Lieferungen, die im Anschluß an die Einfuhr an einem Ort im Erhebungsgebiet bewirkt werden. Hierbei handelt es sich insbesondere um die Fälle, in denen der Gegenstand nach der Einfuhr gelagert und erst anschließend vom Lager aus an den Abnehmer geliefert wird. Für die Vermittlung dieser Lieferungen kann jedoch die Steuerbefreiung nach § 4 Nr. 3 Buchstabe b Doppelbuchstabe aa UStG in Betracht kommen.

III. Behandlung der Reisebüros

11   (1) Die Vermittlungsleistungen der Reisebüros für Reisende sind von der Steuerbefreiung ausgenommen (§ 4 Nr. 5 Satz 2 UStG). Für die Anwendung dieser Vorschrift kommt es nicht darauf an, ob sich der Unternehmer als Reisebüro bezeichnet. Maßgebend ist vielmehr, ob er die Tätigkeit eines Reisebüros ausübt. Die Ausnahmevorschrift des § 4 Nr. 5 Satz 2 UStG betrifft daher alle Unternehmer, die Reiseleistungen für Reisende vermitteln.

12   (2) Die Ausnahmeregelung erstreckt sich nicht auf die Vermittlungsleistungen, bei denen die Reisebüros als Vermittler für die sog. Leistungsträger (z. B. Hotels und Beförderungsunternehmer) auftreten. Das geschieht vor allem in den Fällen, in denen die Reisebüros auf der Grundlage international geltender Übereinkommen tätig werden. Zu diesen Übereinkommen zählen z. B. der IATA-Agenturvertrag für den Linienflugverkehr und das IHA/ UFTAA-Abkommen für die Vermittlung von Beherbergungsleistungen.

13   (3) Steuerfreie Vermittlungsleistungen an einen Leistungsträger liegen in diesen Fällen auch dann vor, wenn die Reisebüros als Untervertreter eines Generalvertreters tätig werden, vorausgesetzt, daß die Untervertreter ihre Leistungen im Einvernehmen mit dem Leistungsträger bewirken. Ferner

kommt die Steuerbefreiung für Vermittlungsleistungen an einen Leistungsträger dann in Betracht, wenn das Reisebüro die Vermittlungsprovision nicht vom Leistungsträger oder einer zentralen Verrechnungsstelle
überwiesen erhält, sondern in der vertraglich zulässigen Höhe selbst berechnet und dem Leistungsträger nur den Preis abzüglich der Provision zahlt.

14   (4) Beispiele für steuerfreie Vermittlungsleistungen der Reisebüros an die
Leistungsträger (§ 4 Nr. 5 Buchstaben b und c UStG):

1. Vermittlung von grenzüberschreitenden Beförderungsleistungen, gegebenenfalls einschließlich der Ausgabe von Fahrausweisen, im Personenverkehr mit Flugzeugen oder Seeschiffen.
2. Vermittlung von Beförderungsleistungen im Außengebiet, gegebenenfalls einschließlich der Ausgabe von Fahrausweisen, im Personenverkehr
   mit Flugzeugen, Eisenbahnen, Kraftomnibussen, Schiffen oder Mietwagen.
3. Vermittlung von Verpflegungsleistungen im Außengebiet.
4. Vermittlung von Eintrittskarten oder Abonnements für Veranstaltungen
   im Außengebiet.

15   (5) Die Vermittlung von Unterkünften (z. B. von Hotelzimmern) oder
von sonstigen Beherbergungsleistungen wird dort ausgeführt, wo das maßgebliche Grundstück liegt (§ 3a Abs. 2 Nr. 1 UStG). Liegt das Grundstück
nicht im Erhebungsgebiet, so ist außer dem vermittelten Umsatz auch
die Vermittlungsleistung nicht steuerbar. § 4 Nr. 5 Buchstabe c UStG
kommt daher für diese Vermittlungsleistungen nicht in Betracht.

16   (6) Vermittelt das Reisebüro für ein Hotel im Außengebiet sowohl die
Unterkunft als auch die Verpflegung (Unterbringung mit Halb- oder Voll-
pension), so handelt es sich hierbei teils um eine nach § 3a Abs. 2 Nr. 1
UStG nicht steuerbare und teils um eine nach § 4 Nr. 5 Buchstabe c UStG
steuerfreie Vermittlungsleistung. Das gilt auch, wenn die vermittelten Leistungen in einer Summe angeboten werden und die Reisebüros für die Vermittlung dieser Leistungen eine einheitliche Provision erhalten. Zur Vermeidung von Aufzeichnungsschwierigkeiten bestehen keine Bedenken, wenn
die Reisebüros in diesen Fällen die Provision in einer Summe aufzeichnen
und sie hierbei entweder insgesamt den nicht steuerbaren oder insgesamt den
nach § 4 Nr. 5 UStG steuerfreien Vermittlungsleistungen zuordnen.

17   (7) Für die Reiseveranstalter, die im eigenen Namen auftreten und daher
Reiseleistungen im Sinne des § 25 Abs. 1 UStG erbringen, bestimmt sich der
Leistungsort nach § 3a Abs. 1 UStG. Das gilt auch dann, wenn sich die
jeweilige Reiseleistung ausschließlich aus einer oder aus mehreren der in § 4
Nr. 5 Buchstaben b und c UStG bezeichneten Leistungen zusammensetzt.
Die Vermittlung einer solchen Reiseleistung durch ein Reisebüro ist hiernach
nur dann steuerfrei, wenn der Reiseveranstalter, dessen Reiseleistung ver-

mittelt wird, sein Unternehmen vom Außengebiet aus betreibt oder wenn die Reiseleistung von einer im Außengebiet befindlichen Betriebstätte des Reiseveranstalters ausgeführt wird.

Beispiel 2

Ein Reiseveranstalter führt eine Pauschalreise durch. Die von ihm in Anspruch genommenen Reisevorleistungen anderer Unternehmer bestehen aus dem grenzüberschreitenden Hin- und Rückflug sowie aus der Unterbringung und Verpflegung in einem Hotel im Außengebiet. Die Pauschalreise wird durch ein Reisebüro im Auftrag des Reiseveranstalters vermittelt.

Die Durchführung der Pauschalreise ist eine einheitliche sonstige Leistung des Reiseveranstalters (§ 25 Abs. 1 UStG). Die Tätigkeit des Reisebüros besteht daher nicht in der Vermittlung von Einzelleistungen, sondern in der Vermittlung dieser einheitlichen sonstigen Leistungen (Reiseleistung). Die Vermittlungsleistung des Reisebüros ist deshalb nur dann steuerfrei, wenn der Reiseveranstalter seinen Sitz oder seine Betriebstätte im Außengebiet hat und er daher die vermittelte Reiseleistung nach § 3a Abs. 1 UStG im Außengebiet bewirkt (§ 4 Nr. 5 Buchstabe c UStG).

18   (8) Es liegt jedoch keine Vermittlung einer einheitlichen Reiseleistung im Sinne des § 25 Abs. 1 UStG, sondern eine Vermittlung von Einzelleistungen durch das Reisebüro vor, soweit der Reiseveranstalter die Reiseleistung mit eigenen Mitteln erbringt.

Beispiel 3

Sachverhalt wie im Beispiel 2, jedoch führt der Reiseveranstalter die Reiseleistungen mit eigenen Beförderungsmitteln und mit eigenen Hotels durch. Die Tätigkeit des Reisebüros besteht in der steuerfreien Vermittlung grenzüberschreitender Flüge (§ 4 Nr. 5 Buchstabe b UStG), in der steuerfreien Vermittlung von Verpflegung im Außengebiet (§ 4 Nr. 5 Buchstabe c UStG) und in der nicht steuerbaren Vermittlung von Unterkunft im Außengebiet (§ 3a Abs. 2 Nr. 1 UStG).

19   Die gleiche Beurteilung gilt für die Fälle, in denen der Reiseveranstalter zwar eine Pauschalreise unter Inanspruchnahme von Reisevorleistungen im eigenen Namen durchführt, diese aber nicht unter § 25 Abs. 1 UStG fällt, weil sie an einen anderen Unternehmer ausgeführt wird.

20   (9) Die Vermittlung von Reiseleistungen für Reiseveranstalter im Erhebungsgebiet wird vielfach bereits vor der Durchführung der vermittelten Reiseleistungen abgerechnet. Deshalb ist es oft schwierig festzustellen, ob es sich bei den vom Reisebüro vermittelten Umsätzen um einheitliche Reiseleistungen im Sinne des § 25 Abs. 1 UStG oder um Einzelleistungen im Sinne des vorstehenden Absatzes 8 (Tz. 18 und 19) handelt. Hieraus ergeben sich auch Zweifel darüber, ob die Vermittlungsleistung steuerpflichtig, steuerfrei oder nicht steuerbar ist. Bei der Abrechnung mit Gutschriften ist damit gleichzeitig fraglich, ob den Reiseveranstaltern daraus der Vorsteuerabzug zusteht, weil Gutschriften nur bei steuerpflichtigen Leistungen als Rechnungen gelten (§ 14 Abs. 5 UStG). Zur Vermeidung von Härten ist es deshalb in diesen Fällen nicht zu beanstanden, wenn die Beteiligten die Vermittlungsleistungen einverständlich als steuerpflichtig behandeln und die Reiseveranstalter dementsprechend den Vorsteuerabzug bei der Abrechnung mit Gutschriften auch dann vornehmen, wenn die Vermittlungsleistung nicht steuerpflichtig oder nicht steuerbar ist.

21 (10) Gelegentlich sind in die Vermittlung von Flugreisen zwei im Erhebungsgebiet ansässige Reisebüros eingeschaltet. Eines dieser Reisebüros handelt als Vermittler der Fluggesellschaft. Das andere Reisebüro wird hingegen auf Grund einer Vereinbarung mit dem erstgenannten Reisebüro als dessen Beauftragter, aber nicht im Einvernehmen mit dem Leistungsträger tätig. Bei dieser Gestaltung erbringt nur das erste Reisebüro Vermittlungsleistungen, die nach § 4 Nr. 5 UStG steuerfrei sind.

Beispiel 4

Ein im Erhebungsgebiet ansässiger Reisender wendet sich wegen eines grenzüberschreitenden Fluges an sein örtliches Reisebüro A. Dieses kann nicht selbst für die betreffende Fluggesellschaft auftreten, weil es nicht als IATA-Agent zugelassen ist. Es nimmt daher Verbindung mit dem Reisebüro B auf, das diese Voraussetzung erfüllt. Dieses Reisebüro vermittelt sodann den Flug im Auftrag der Fluggesellschaft.

Die Leistung des Reisebüros B ist nach § 4 Nr. 5 Buchstabe b UStG steuerfrei. Die Leistung des Reisebüros A an das Reisebüro B fällt dagegen nicht unter die Steuerbefreiung des § 4 Nr. 5 UStG und ist daher steuerpflichtig.

22 (11) Zur Ausnahmeregelung des § 4 Nr. 5 Satz 2 UStG ist ergänzend zu den Ausführungen im vorstehenden Absatz 1 (Tz. 11) folgendes zu berücksichtigen:

Da die Reisebüros die Reiseleistungen in der Regel im Auftrag der Leistungsträger und nicht im Auftrag der Reisenden vermitteln, fällt im allgemeinen nur die Vermittlung solcher Tätigkeiten unter die Ausnahmeregelung, für die das Reisebüro dem Reisenden ein gesondertes Entgelt berechnet. Das ist z. B. dann der Fall, wenn der Leistungsträger die Zahlung einer Vergütung an das Reisebüro ausgeschlossen hat und das Reisebüro daher dem Reisenden von sich aus einen Zuschlag zu dem vom Leistungsträger für seine Leistung geforderten Entgelt berechnet. Das gleiche trifft auf die Fälle zu, in denen das Reisebüro dem Reisenden für eine besondere Leistung gesondert Kosten berechnet, wie z. B. Telefon- oder Telexkosten, Visabeschaffungsgebühren oder besondere Bearbeitungsgebühren. Für diese Leistungen scheidet die Steuerbefreiung auch dann aus, wenn sie im Zusammenhang mit steuerfreien Vermittlungsleistungen an einen Leistungsträger bewirkt werden.

Beispiel 5

Das Reisebüro vermittelt dem Reisenden im Auftrag eines außengebietlichen Reiseveranstalters eine Ferienreise im Außengebiet. Gleichzeitig vermittelt es im Auftrag des Reisenden die Erteilung des Visums. Die Steuerbefreiung des § 4 Nr. 5 UStG erstreckt sich in diesem Fall nur auf die Vermittlung der Ferienreise.

IV. Buchmäßiger Nachweis

23 (1) Die Voraussetzungen der Steuerbefreiung hat der Unternehmer buchmäßig nachzuweisen (§ 4 Nr. 5 Satz 3 UStG, § 22 UStDV). Der Buchnachweis sowie seine eindeutige und leichte Nachprüfbarkeit sind materiellrechtliche Voraussetzungen für die Steuerbefreiung. Wegen der allgemeinen Grundsätze wird auf die Ausführungen zum buchmäßigen Nachweis bei den Ausfuhrlieferungen verwiesen (BMF-Schreiben vom 14. Juli 1980 – IV A 3 – S 7131 – 41/80 –, Tz. 34 bis 37; BStBl. I S. 443, USt-Kartei § 4 S 7131 Karte 12).

24 (2) In § 22 Abs. 2 UStDV ist geregelt, welche einzelnen Angaben der Unternehmer für die Steuerbefreiung des § 4 Nr. 5 UStG aufzeichnen soll. Zum Nachweis der Richtigkeit dieser buchmäßigen Aufzeichnungen sind im allgemeinen schriftliche Angaben des Auftraggebers oder schriftliche Bestätigungen mündlicher Angaben des Auftraggebers durch den Unternehmer über das Vorliegen der maßgeblichen Merkmale erforderlich. Außerdem kann dieser Nachweis durch geeignete Unterlagen über das vermittelte Geschäft geführt werden, wenn daraus der Zusammenhang mit der Vermittlungsleistung hervorgeht (z. B. durch ein Zweitstück der Verkaufs- oder Versendungsunterlagen oder durch eine Bescheinigung, daß der vermittelte Umsatz im Außengebiet bewirkt wurde).

25 (3) Bei einer mündlich vereinbarten Vermittlungsleistung kann der Nachweis auch dadurch geführt werden, daß der Vermittler (z. B. das Reisebüro) den Vermittlungsauftrag seinem Auftraggeber (z. B. dem Hotel) auf der Abrechnung oder dem Überweisungsträger bestätigt. Das kann z. B. in der Weise geschehen, daß der Vermittler in diesen Unterlagen den vom Auftraggeber für die vermittelte Leistung insgesamt geforderten Betrag angibt und davon den einbehaltenen Betrag unter der Bezeichnung ,,vereinbarte Provision'' ausdrücklich absetzt.

26 (4) Zum buchmäßigen Nachweis gehören auch Angaben über den vermittelten Umsatz (§ 22 Abs. 2 Nr. 1 UStDV). Im allgemeinen ist es als ausreichend anzusehen, wenn der Unternehmer die erforderlichen Merkmale in seinen Aufzeichnungen festhält. Bei der Vermittlung der in § 4 Nr. 5 Buchstabe a UStG bezeichneten Umsätze sollen sich daher die Aufzeichnungen auch darauf erstrecken, daß der vermittelte Umsatz unter eine der Steuerbe-

freiungen des § 4 Nr. 1 bis 4 UStG fällt. Dementsprechend sind in den Fällen des § 4 Nr. 5 Buchstaben b und c UStG auch der Ort und in den Fällen des Buchstaben b zusätzlich die Art des vermittelten Umsatzes aufzuzeichnen. Bei der Vermittlung von Einfuhrlieferungen genügen Angaben darüber, daß der Liefergegenstand im Zuge der Lieferung vom Außengebiet in das Erhebungsgebiet gelangt ist. Einer Unterscheidung danach, ob es sich hierbei um eine Lieferung im Außengebiet oder um eine unter § 3 Abs. 8 UStG fallende Lieferung handelt, bedarf es für die Inanspruchnahme der Steuerbefreiung des § 4 Nr. 5 UStG nicht.

V. Aufhebung von BdF-Erlassen

27 Folgende BdF-Erlasse sind mit Wirkung vom 1. Januar 1980 an nicht mehr anzuwenden:

1. Abschnitt B Nr. 9 Abs. 7 des BdF-Erlasses
   vom 14. Februar 1968 – IV A/2 – S 7015 – 2/68 –
   (BStBl. I S. 401, USt-Kartei § 4 S 7143 Karte 1),
2. BdF-Erlaß vom 30. Juli 1968 – IV A/2 – S 7143 – 6/68 –
   (USt-Kartei § 4 S 7143 Karte 3),
3. BdF-Erlaß vom 29. Dezember 1969 – IV A/3 – S 7143 – 18/69 –
   (BStBl. 1970 I S. 168, USt-Kartei § 4 S 7143 Karte 2).

Dieses Schreiben wird im Bundessteuerblatt I veröffentlicht und in die USt-Kartei aufgenommen.

Stichwortverzeichnis

Buchanzeigen

Wichtig für alle Lohn- und Gehaltsbüros

Aktueller Betrieb

Klaus Offerhaus

Lohnsteuerrecht für Arbeitgeber

Steuerpflicht
Steuerfreiheit · Steuerbegünstigung
Verfahren

Eine ausführliche Darstellung des Lohnsteuerabzugs durch den Arbeitgeber mit den Neuregelungen durch:
Steuervereinfachungsgesetz 1980
Steuerentlastungsgesetz 1981
Lohnsteuer-Durchführungs VO 1981
Lohnsteuer-Richtlinien 1981
Sachbezugs VO 1981

Verlag C. H. Beck

Lohnsteuerrecht für Arbeitgeber

Steuerpflicht, Steuerfreiheit, Steuerbegünstigung, Verfahren

Von Dr. Klaus Offerhaus, Richter am Bundesfinanzhof, München

1981. XIII, 249 Seiten 8°. Kartoniert DM 42,–

Das Lohnsteuerrecht hat wichtige Änderungen erfahren

Umfangreiche gesetzliche Neuerungen wie z.B. Steuervereinfachungsgesetz 1980, Steuerentlastungsgesetz 1981, Lohnsteuer-Durchführungsverordnung 1980, Lohnsteuer-Richtlinien 1981 haben das Lohnsteuerrecht einschneidend geändert. Jeder Arbeitgeber muß über seine Rechte und Pflichten in Zusammenhang mit der Lohnsteuer genau informiert sein, um nicht in Haftungsfragen verwickelt zu werden.

Informationen zu allen wichtigen Fragen des Lohnsteuerrechts

Dieses Buch informiert klar, verständlich und übersichtlich über alle wesentlichen Themenbereiche wie z.B.:
– Arbeitnehmerbegriff und Umfang der Lohnsteuerpflicht,
– Arbeitslohn (Begriffsbestimmung),
– Möglichkeiten steuerfreier Zuwendungen des Arbeitgebers an Arbeitnehmer (Gelegenheitsgeschenke, insbesondere Jubiläumsgeschenke; Annehmlichkeiten, insbesondere bei Betriebsveranstaltungen; Auslagenersatz; Werbungstenersatz; Zuwendungen aus sozialen Gründen, insbesondere Abfindungen; Prämien für Verbesserungsvorschläge usw.)
– Durchführung des Lohnsteuerabzuges,
– Lohnkirchensteuer,
– Lohnsteuer-Jahresausgleich durch den Arbeitgeber,
– Haftung des Arbeitgebers für die Lohnsteuer.
Ferner enthält das Werk alle für die Lohnsteuer wichtigen Gesetzes- und Verordnungstexte.

Dieses Buch benötigen alle Personal- und Lohnsteuerabteilungen

Dieses Buch ist ein wichtiges und zuverlässiges Nachschlagewerk für alle, die sich in den Betrieben mit Fragen der Lohnsteuer befassen.

Aktueller Betrieb

Walter Löwe

Das neue Pauschalreiserecht

Eine ausführliche Darstellung des neuen Reisevertragsrechts unter Einbeziehung der Allgemeinen Geschäftsbedingungen für Reiseverträge (ARB).

Verlag C.H. Beck

Das neue Pauschalreiserecht

Von Dr. Walter Löwe, Honorarprofessor an der Universität München, Richter am Bundesfinanzhof

1981. Rund 240 Seiten 8°. Kartoniert etwa DM 45.–
Erscheinungstermin: August 1981

Seit dem 1. 10. 1979 gilt das neue Reisevertragsrecht

Dieses Buch erläutert alle wichtigen Fragen des Pauschalreiserechts. Neben dem neuen Reisevertragsgesetz, das am 1. Oktober 1979 in Kraft trat und die Rechte des Reisenden bei einer fehlerhaften Reise regelt, gehören dazu insbesondere die allgemeinen Reisebedingungen des Reiseveranstalters, bei deren Anwendung die Regelungen des Rechts der Allgemeinen Geschäftsbedingungen (AGB-Gesetz) sowie die 1980 vom Deutschen Reisebüro-Verband empfohlenen Allgemeinen Geschäftsbedingungen für Reiseverträge (ARB) zu beachten sind.

Informationen zu den für die Praxis wichtigen Rechtsfragen

Fragen, die in der Alltagspraxis eines Reiseveranstalters oder eines Reisebüros häufig vorkommen werden besonders eingehend behandelt und an Beispielsfällen veranschaulicht. Die Darstellung folgt dabei der Reihenfolge, in der sich die Probleme in der Praxis stellen: vom Angebot über die Buchung bis zur Durchführung der Reise.

Dieses Buch benötigen: insbesondere Reiseveranstalter, Reisebüros, Reiseversicherungen Reiseleiter

Das Werk wendet sich in erster Linie an die juristisch nicht vorgebildeten Mitarbeiter in den Betrieben von Reiseveranstaltern, Reisebüros und Reiseversicherungen sowie im Bereich der Verbraucherberatung. Es ist aber auch für die am Urlaubsort tätigen Reiseleiter bestimmt, die in der Regel zuerst mit Kundenreklamationen und Rückfragen konfrontiert werden. Auch dem Juristen, der eine erste Information über die Rechtsfragen des touristischen Massengeschäfts sucht, bietet dieses Buch einen Einstieg in die Materie.

Der Verfasser ist Spezialist in Fragen des Reisevertragsrechts und des AGB-Rechts

Prof. Dr. Walter Löwe ist als Experte für das Reisevertragsrecht und das Recht der Allgemeinen Geschäftsbedingungen bekannt. Beide Gebiete hat er in großen Kommentaren behandelt. Aufgrund jahrelanger journalistischer Tätigkeit kann er die teilweise schwierigen Rechtsfragen besonders anschaulich darstellen.